GAFA IN GAZA

Tá an leabhar seo tiomnaithe do
Sheán Mac Risteaird

Cathal Ó Searcaigh

Cathal Ó Searcaigh

Gafa i nGaza

179/300

ARLEN HOUSE

Gafa i nGaza

Foilsithe in 2024 ag

ARLEN HOUSE
42 Grange Abbey Road
Baldoyle
BÁC D13 A0F3
Éire
arlenhouse@gmail.com
www.arlenhouse.ie

ISBN 978–1–85132–320–3, crua

Dáileoirí idirnáisiúnta
SYRACUSE UNIVERSITY PRESS
621 Skytop Road, Suite 110
Syracuse
NY
13244–5290
United States of America
Ríomhphost: supress@syr.edu
www.press.syr.edu/supressbook-publisher/arlen-house/

Clóchur ¦ Arlen House
Eagarthóir ¦ Éamonn Ó Dónaill
Íomhá an chlúdaigh ó Bhailiúchán Ealaíne Uí Shearcaigh

Tá Arlen House buíoch de
Chlár na Leabhar Gaeilge
agus d'Fhoras na Gaeilge

Foras na Gaeilge

Clár

Focal Brollaigh

Tá corradh is leathchéad bliain tugtha agam faoin tráth seo ag meá na bhfocal. A hoiread leis an lon dubh ní heol domh a dhath eile ach a bheith ag ceiliúr is ag cur mo chroí amach i gceol.

B'fhacthas domh go hóg i mo shaol gurb é sin mo chinniúint is lean mé an bealach éadóigh sin, bealach uaigneach na héigse, ag meabhrú domh féin i gcónaí ar uair na práinne is an bheaguchtaigh gur fearr coiscéim amháin chun tosaigh ná dhá choiscéim chun deiridh.

In ainneoin lucht an chanráin agus lucht na cáinte a mhol a mhalairt de shaol domh, choinnigh mé go buan ar an chúrsa seo.

Agus i ndáiríre, ní iarrfainn a athrach. Bíodh an saol ag dhéanamh buartha domh, faighim athbhrí i gcónaí i gceardaíocht na bhfocal agus i ndéanamh an dáin.

Ná samhail fuíoll is flúirse le filíocht. Ní gairm í gur maoin is rachmas a spreagadh ná a toradh.

'Más é an mhaitheas shaolta atá uait ná cuir amú do bheatha le filíocht,' a dúradh liom fadó. Ach níor mhaolaigh an chaint sin mo mheanma. Cé nach bhfuil maoin inti, tá maith inti. Tugann sí aer agus anáil don anam.

Anois, níl mé ag fáil bháis leis an ocras ná baol air. Tá díon os mo chionn agus tá fuílleach ama agam le bheith ag meabhrú agus ag cumadh.

Tá mé ag scríobh go leanúnach agus ag foilsiú go rialta ó bhí 1975 ann. Níl mé ag fanacht ar sheacht dtíolacthaí an Spioraid Naoimh tuirlingt orm le mé a spreagadh chun pinn. Ach fáiltím rompu nuair a thig siad. Ná cuir fiacail i do theangaidh féin in am an riachtanais, a deirim i dtólamh.

Tugaim m'aghaidh ar an leathanach bán go laethúil agus é de chuspóir agam feabhas a chur ar an spás tarraingteach, dúshlánach sin agus é a chur faoi gheasa na bhfocal. Obair í atá cruaidh, ciapach agus ceisteach, ach ag an am chéanna a thógann an croí go hard na spéire.

Seo mo ghnó agus mo ghairm le fada an lá. Olc nó maith aimsir na haigne, folláin nó breoite sláinte na samhlaíochta, suím síos ag mo thábla agus tugaim faoi cheiliúradh an Bhriathair.

Nuair a bhíonn drochspion orm, scríobhaim i mBéarla.

Loime an leathanaigh bháin a thabhairt chun toraidh. Sin mo spreagadh laethúil.

Mar atá ráite go mion is go minic acu siúd atá eolach ar mo shaothar, tugann an ceantar seo faoi scáth an Earagail neart agus spreagadh domh bliain i ndiaidh bliana. Is fíor a chan mo bhráithre. Is anseo i measc na gcnoc is na gcaorán a thig mo shaothar chun solais.

Tá an mhórchuid dar scríobh mé i bhfód go domhain i ndomasach Mhín an Leá.

Is é an fraoch corcra, an aiteannach bhuí agus an rúideog chumhra a chuireann snas an tsléibhe ar mo dhánta. Ba mhaith liom sílstean go bhfuil úsc an dúchais ag sileadh astu fosta.

Tá gné dheoranta le sonrú ar mo shaothar fosta; an chuid sin, a spreagtar agus mé ag taisteal i gcríocha ciana. Déanann na himrama seo leathnú agus fairsingiú ar mo shamhlaíocht.

De bhrí go mbaintear as mo chleachtadh mé i dtíortha iasachta, tugann sin orm athbhreithniú a dhéanamh orm féin agus cinntiú nach bhfuil mé ag dhéanamh dóigh de mo dhearcadh is de mo bharúil féin.

Tugann sé orm an seanchraiceann seargtha a bhaint de mo smaointe is ligint daofa a theacht i mbrí faoi chraiceann úr.

Agus mé ag scríobh na haiste bige seo, cuireann a bhfuil ag tarlú i nGaza ciapadh croí agus alltacht anama orm. Ag amharc ar pháistí ag fáil bháis díobháil nach bhfuil greim bídh le cur ina mbéal. I láthair na huaire ní áit é Gaza a bhfuil fad saoil do dhuine ann agus iad faoi luí na troda lá agus oíche. Teaghlaigh ag smúrthacht rompu i gconamar a gcuid tithe, boladh an bháis i ngach áit.

Tá uafás an chogaidh seo ar thús cainte agus mé ag comhrá le daoine sa tsiopa áitiúil agus ar an tsráid. Tá achan duine cráite ag an tslad atáthar a dhéanamh ar na Palaistínigh agus feargach leis na Cumhachtaí Móra a thugann cead a gcinn d'Iosrael leanstan ar aghaidh leis an ár seo.

Cumaim dánta, léiriú lom ar éagóir an chogaidh ach níl iontu ach glao in aghaidh na gaoithe. Tá gach lá i nGaza ina lá caillteach. Níl truaighe ar bith i gcogadh.

Tá sé doiligh dánta polaitiúla a scríobh gan dul i mbaol agus i mbannaí na bolscaireachta. Sin *dilemma* an dáin go minic. Conas d'aghaidh a thabhairt ar mhairgí móra an tsaoil i bhfilíocht? Cad é mar is féidir é seo a dhéanamh go fírinneach nuair nach bhfuil á chaitheamh agat féin ach saol beag suarach, sábháilte, saor ó bhroid an chatha?

Níl de fhreagra agam air sin ach gur dóigh liom go mbíonn filíocht mhaith ar thaobh an tsolais agus ar thaobh na Beatha. Tá tír dhúchais an fhile i gcroí na ndaoine atá faoi dhaorsmacht.

Cé acu an mian linn é nó nach mian, tá muid rannpháirteach i gcinniúint a chéile. Caithfidh muid, dá bhrí sin, comharsanacht mhaith a dhéanamh lenar gcomhdhaoine, cé acu i gcóngar nó i gcéin atá siad, cé acu i nGaza nó i nGleann an Átha atá cónaí orthu.

Ag éisteacht le Netanyahu agus lucht ardcheannais an Airm ag caint ar bheartaíocht mhíleata a dtíre i nGaza, tá fuath, fearg agus fuarchúis le mothú ar a gcuid cainte. Is léir nach bhfuil mórán sílte acu do ghnáth-Phalaistínigh na cathrach.

Faoi am seo, tús Aibreáin 2024, agus mé ag scríobh an méid seo, tá dramhaltach déanta acu don chathair agus búistéireacht déanta acu ar bhunadh na háite. Tá Meiriceá agus an Bhreatain ag soláthar airm chogaidh daofa go fóill, lón míleata a thugann deis daofa leanstan ar aghaidh leis an scrios is an sléacht.

I dtaca le hIosrael, tá flaitheas agus forlámhas na tíre a ghabháil acu ó Bhliain na Díbeartha, 1948 agus seo arís an díshealbhú, an díbirt agus an díothú. Seo Nakbah Ghaza.

Is doiligh domh cluas éisteachta a thabhairt do ghlam bhagarthach is do theangaidh cham na mbréag ó bholscairí an chogaidh seo. Tá a dtiomna, dar leo, déanta go deo le Dia an tSeanreachta a thug séala a Bhriathair daofa, seilbh is cearta sinsir ar an Phalaistín ó mhín go muir.

Seo éagóir a théann siar sa stair, faraor, is atá ina chúis le méala millteanach is le murdar an lae inniu. Tá dia díoltasach an tSean-Tiomna beo fós is ag gníomhú.

Chan iontas ar bith go bhfuil duairceas sa chnuasach seo agus cogaíocha á dtroid ar fud an domhain. Gorta, pláigh agus creach a dtoradh i gcónaí. Tá gach cogadh acu seo ag tórmach ceann eile. Fuadar troda agus doirteadh fola! An sin ár gcinniúint?

Níl muid ábalta, is cosúil, ár mianta marfacha a shárú. Cé go dtig taomanna beaguchtaigh orm as staid an tsaoil, tá a fhios agam go bhfuil daoine maithe ar fud an domhain ag déanamh daonnachta lena chéile, is cuma cad é na difríochtaí a dhealaíonn iad óna chéile. Tugann sin dóchas beag domh sa dorchadas.

Aibreán 2024

LEABHAR NA GCEALL

Tuathal Mac Liag, manach, circa 850 AD a chum is a chnuasaigh an duanaire seo de dhánta a dhéanann aithris ar ghrá idir fhearaibh agus ar na cumainn seirce a bhí crosta ach a fuair sásamh faoi choim. *Persona* de chuid na samhlaíochta atá i dTuathal Mac Liag seachas pearsa de chuid na staire. Mar a bhí ariamh is a bheidh go brách i measc an chine dhaonna, déanaim amach go raibh cumann na fola is na feola coitianta go leor idir fhearaibh in Éirinn na cianaimsire. Mar is eol do chách chan gné de shaol an lae inniu an claonadh gnéis seo. Bhí sé linn i dtólamh ach faoi chuing rúin agus faoi acht smachta. Ach in ainneoin gach bac agus bagairt thit fir i ngrá lena chéile agus in amanta, má bhí an fhéith úd ag oibriú iontu, thug siad teangaidh don mhian sin i bhfilíocht.

Ón 5ú haois bhí an manachas ag teacht chun cinn in Éirinn, mainistreacha á dtógáil ag lucht na gcochall, an léann á shaothrú agus peannaireacht álainn á déanamh ar phárchraiceann na lámhscríbhinní. Tá sé tugtha le fios dúinn gur cathair chrábhaidh a bhí i ngach ceann de na mainistreacha móra seo i mBeannachar, i Maigh Bhile, i gCluain Ioraird, i gCluain Mhic Nóis, i nGleann Dá Loch, i gCluain Fearta; láithreacha beannaithe ina mbíodh manaigh umhla, ghéilliúnacha ag siúl ar shlí an tsoiscéil, ag feacadh glúine is ag canadh salm.

Tá a mhalairt de thuairim á léiriú ag Tuathal Mac Liag sna dánta seo. Tá sé ag rá linn nach ag síorghuí an Rí a bhí siad i gcónaí i gclós na gceall. Bíodh go raibh dleacht is reacht i réim i dtaca le peacaí na colla, i gcomhthionól na bhfear óg, níor chuir sin cosc ar bith ar dhúil sa chollaíocht. Mínaofa is mar a bhí an gníomh bhain siad sásamh craicinn as a chéile.

Sa duanaire seo fosta cnuasaíonn Tuathal Mac Liag roinnt dánta a bhaineann le scanradh agus creathnú anama na manach nuair a thosaigh rámhlonga na Lochlannach ag teacht thar sáile á n-ionsaí. Is breá liom liricí na luath-Ghaeilge agus eagna léir na bhfear léinn a chum iad. Chan iontas ar bith go bhfuil spéis ag Tuathal Mac Liag sa mheabhraíocht chéanna.

1

Is tú an tslat is áille sa choill,
barrdhath na scéimhe ort, a bhile.
Gach oíche is mé sínte faoi do scáth,
ní gá ár ngrá a bhréagadh, a ghile.

Ó ghrian do ghnúise, bhéarfainn mionna
gur dia éigin ón Bhóinn a ghin tú,
Lugh nó Eochaid nó Aonghus Óg.
Tá rian na glóire leat ón Bhrú.

Is tú mo luibh íce, m'ortha chodlata,
mo bhile craoibhe, mo chrann toraidh,
mo shlat ó Eamhain na n-úll cumhra,
mo theach na séad is mo mhír churaidh.

Níl maidin dá ndeargann, níl lá dá ngealann,
nach móraim do chorp is do chúileann óir;
Is tá mná na hÉireann go mór liom in éad
is gan fáil acu ortsa, a óigfhir chóir.

2

Aontíos na hoíche ní cinniúint dúinn,
manach bocht mé in éidiú Dé
ag déanamh tréanais, ag déanamh troscaidh,
ag fulaingt na bréige le mo ré.

Tá mo chuid fola i dtólamh ar fiuchadh,
gach ball is géag ar lasadh le grá,
ach flaithbhile fleascach na flúirse
ní fios dó ábhar ná fáth mo chrá.

De na gnátha mise, stoc gan iomrá,
ach de na mórmhaithe mo ghrá;
Fear gnímh is gaisce, laoch na gaile,
aolchraobh a threibhe, bród na bhflatha.

Dlúthshearc na leapa ní dán dúinn,
feis na más ná craos na bpóg;
Is beag an méid a shásódh mo dhúil,
sméideadh súl, cogar is barróg.

3

An grá folaigh seo, doiligh a ghné,
fada mé i bpéin dá phlé;
A ainm ansa ní chanfad anseo,
ceilfead é go dtéim i gcré.

Síneadh síos leis i gclúid na hoíche,
ó ba mhór an ócáid só;
Ach seachnaím a shúil, séanaim a ghrá,
chan dán domh ach an t-anró.

Grá toirmiscthe nach dtig a thabhairt
de réir na cléire is reachta Dé;
Le troscadh is le tréanas géillim dóibh,
mairfeadsa i bpéin le mo ré.

4

Mallacht Dé agus eascaine an tsaoil,
drochghuí na gclog is na gceall,
diúltú ón chléir, dímheas is masla,
tá mé faoi smál le blianta anall.

Óir chaill mé m'anam i ngeall ar shásamh,
an sásamh séanta a sháraíonn an dlí;
Sásamh gan buaine, sásamh na colla,
beadsa á thriail go gcaillfead mo bhrí.

Ina áibhéil feasa nó ina mhearbhall teasa,
is róchuma liom más ón diabhal féin
a thig mo phléisiúr. Tá an saol róghearr
le go ndiúltóinn oíche i gclúid an tséin.

Troidfidh mé flaitheas is forlámhas na cléire.
Le héirim an dáin déanfad mo chás
ionas go dtiocfaidh an Grá seo i bhforás.
An Briathar amháin atá saor ón bhás.

5

Ag siúl liom féin ar feadh na hoíche
ag déanamh éagaoine fá mo shaol,
anois níl léaró solais i lom m'anama.
B'fhearr liom sínte i measc na ndaol.

Tá cluas na gealaí úire os mo chionn
ach ní éirim di mo chás a fhuascailt.
Cluinim scread ó éan uaigneach sléibhe
a théann go croí ionam anseo san Ailt.

Mar éan creiche d'alp tú an mhaitheas
as mo shaol. Phioc tú feoil is cnámh
ár ngaoil. Rinne tú biaiste i mo lár
is d'éalaigh tú uaim le leannán mná.

6

Ó Bheannchar tugadh bata domh is bóthar
de bharr mo chionta le mórchuid bráthar.
Ó Mhaigh Bhile fosta is fós ó Dhoire
gan mórán measa cuireadh mé as láthair.

I gCluain Ioraird na Mí b'aoibhinn mo shéasúr
le Caoimhín seangóg na rosc gorm.
Díseartán dóchais go bhfuarthas muid oíche
cuachta le chéile is a bhod i mo dhorn.

Le héirim cinn is le lámh dheas i mbun pinn,
deasaím gach scríbhinn le healaín na n-aingeal.
Anois i mo scríobhaí i gCluain Fearta ar an tSionainn,
caithfead ann seal ar thóir péarla geal.

7

Oide

Anuraidh is m'adhairt suain
suite ar a ghlúin
lig sé a rún liom.

Anois tul geal toinne
ag líonadh cuais –
a anáil i mo chluais.

Gan cás ná cotadh, gan náire,
ofrálann sé domhsa
taca is tiubh a ghrá.

Tabhartach fial gach lá
fágann sé a shíol
i bhfeoil ionam go flúirseach.

8

Scríobhaí

Pár bán a bhrollaigh –
an duilleog ar a mbreacaim
dánta na bpóg.

9

An Manach ag Moladh a Leannáin

Dhá ghas cuiscrí ó Loch na Cuinge –
na fabhraí scuabacha
a uaislíonn do shúile.

Ó cheannabháin Ghleann Tornáin –
míneadas an chadáis
i mboige do chnis.

Ó thulacha gréine Ghleann Neimhe
do mhásaí cumtha,
comhchruinn meallacacha.

Ó shruthán geal an Earagail
léire agus loinnir
do bhriathra beannaithe.

Ó Mhuine Beag na n-éan maidine
súgaíocht do ghutha
agus tú ag suirí.

10

BURDÚIN BHEAGA

Níl curadh dá threise nach mbéarfá bua air
ach sa leabaidh is mise do mháistir;
Do dhá leis scartha is mise do mhaidhmiú,
chan náire leat an bhaineannacht, a óigfhir.

*

Bíodh go bhfuil mé i seirbhís Dé,
faoi mhóid crabhaidh is faoi chuing rúin,
ní choinneoidh an Soiscéal mé ó do leabaidh,
ná ó shuáilcí do bhéil is do bhoid ionúin.

*

An bainne a mhaistreadh leatsa, a mhian,
go dtigeadh uachtar ime ar bharr ár ngrá;
Sin ba dual dúinn, a óigfhir thréin,
gur chuir tú dúil i mbrollach mná.

*

Thar chroí is corp is na céadfaí go léir,
géillim duitse, is tugaim cead réime.
Dá mba mhian leat é, bhréagfainn an Soiscéal,
ar leac na bpian dhéanfainn rince céime.

11

Tá an chréafóg ag canadh a tréithe i do ghéaga
agus méathras na talún ag teacht i mbláth
i do gháire, i do chuid gruaige, i nduilliúr do ghutha,
óir is tusa an crann ar a bhfásann gach meas, a ghrá.

Tusa an bile feasa as a mblaisim na suáilcí deasa,
úlla apaidh do mhása agus cnómheas do mhagairlí,
caora fíniúna do shúile agus sú craobh do chluasa,
ach níos milse fós, an rúta súmhar atá lán de bhrí.

12

Sáith rí de theach
mo chillín cluthair
ar bhruach na coille.

Cíor mhín na gaoithe
ag cíoradh na gcrann
anseo os mo chionn.

Oíche is lá éistim
le salm altaithe
an tSrutháin Bhig.

San uaigneas caoin
ghin tobar solais
istigh i mo chroí.

Duáilcí uile m'óige,
an dúil dhiabhlaí i bhfir,
diúltaím daofa anois.

13

Bhréagfainn an soiscéal
is gach saltair dár scríobhadh
le tusa a mhóradh

óir tchím tú i dtólamh
i mborradh an dúlra
is i mbeocht na séasúr.

Chan dia croíbhrúite
ag fulaingt an chéasta
a shamhlaím leatsa

ach Tiarna na bithchríche,
tíolacthóir an tsolais
a chuireann brí i ngach ní.

Duitse a thug mo dhaoine
a ndílseacht ó cheart
roimh theacht do Chríost

is iad ag adhradh na ndúl –
cuisle an uisce, spiorad na coille,
is cumhacht dhiaga na gréine.

A lorg siúd, a Dhúilimh,
leanfadsa go dílis
is mé ag tabhairt ómóis

don domhan rathúil seo
a fhoinsíonn asat go beo –
an talamh faoi mo chois

an spéir os mo chionn.

14

Saor an Chumais Mhóir a chruthaigh
as neamhní an uile ní,

eisean a mhúnlaigh go healaíonta
mo shuíomh deas samhraidh;

An chaschoill chraobhaigh seo
a thugann foscadh domh is cothú.

Mar dhíon spréigh Sé an spéir
os mo chionn; glé san oíche

le ré is le réalta, lasta sa lá
le lí ghorm na síoraíochta.

Dheonaigh Sé domhsa tearmann
san uaigneas, pobal teann na gcrann,

dair, beith agus coll ina gcompánaigh
seasta thart orm go cneasta.

Seo mo chomhfhilí coinsiasacha
agus iad i mbun a ngairme gach lá

ag tabhairt glinne an tsolais
chun léire i nduilleoga úrghlasa

a ndánta. Is é mo ghnósa fosta,
a ndálta siúd, éirim dea-eolais

an tsolais a cheapadh i mo dhánta.
San uaigneas tréitheach seo,

bhronn Sé orm suáilcí diaga a dhéantúis
ionas go dtiocfainn i mbrí.

15

Agus nár shíl muid
a chuid is a chroí,
agus muid sa tsiúl
fríd mhín is fríd mhóin
nach dtiocfaí ár ngrá
a smálú go brách.

Is nár mhinic muid
ag maíomh is ag rá
go mbeadh muid dlúite
le chéile go brách
cosúil leis an eidhneán
thall fán Bhinn Bhán.

Ach ní raibh inar maíomh
ach aisling bhaoth,
gairim gan bhrí
i mbéal na gaoithe
nó siabhradh sí
i lag na hoíche.

An ghrian ag cur gealáin
i linnte an chaoráin –
sin samhail den ghrá
ba dúchas dúinn tráth.
Aoibhneas nach maireann
ach seal beag den lá.

Anois is fada liom an lá.
agus is faide liom an oíche.
Soir nó siar, deas nó thuaidh,
níl tásc ort ná iomrá
is mar choinneal a mhúchfaí
chuaigh tú as, a ghrá.

16

Breacaim ar pár
sa choill chiar
mothú íogair
ó mo lár.

Feacaim glúin
is canaim sailm.
Focal i dtráth
le dair ionúin.

Éistim le héan
an ghoib óirbhuí;
gleo an tsaoil
séanaim. Áiméan!

Soiscéal is saltair
is paidir chóir;
Aingeal i mo threorú
ag dul thar alltar.

17

An Manach ag Guí Stoirme

Glas-leathan, garbh, glórach,
creathnach uaill na toinne
ar mhuir thógtha na long fada.
Coinnigh, a Rí, a rinne gach dúil
ruathair an áir uainn anocht.
Ardaigh toinn is tiomáin gaoth,
leath an donas ar an domhain.
Talamh slán nach raibh i ndán
d'fhathaigh fhiáine na Lochlann.
Seo muid le coinnle is le scrioptúir
ag síorghuí gur beag a mbrí
anocht ansiúd sa mhórtas ghoirt.
Anocht is sócúil linn a ndócúil
is iad ag uamhnú roimh na huafáis.

18

Roimh aimsir theacht na nDanar mallachtach
ba seo suíomh sailm is saltair, cathair
chrábhaidh faoi chiúin-scáth na hiúrchoille,
áitreabh inar naomhadh ab agus bráthair.

Cléirchill sámh, a Mhic Dé bhí, gan pháil,
gan dlúthfhál, dídean ann do chách,
ach ó tháinig an t-éigean orainn thar aigéan
cha chluintear clog ag fógairt na dtráth.

Lomnocht ár n-eaglais, gan altóir is gan sanctóir.
Áilleacht a deilbhe, a dearcnaíocht dhiaga
curtha ó dhealramh is ó chuma ach fós féin
tá fuil ár mbráithre ag beannú a liaga.

19

Gan cúl dídine, gan chosaint ó shíothlaigh uainn
na laochra tréana, Fionn Mór agus Goll
is a gcuallacht chróga a chosnódh an tír
is a chuirfeadh an ruaig ar réim na nGall.

Ina mbuíonta bradacha, ina ndronga fíochmhara,
thar dhroim na díleann sheol siad anall;
na Fathaigh Fhionna thréana ó chríocha Lochlann
ag creachadh na séipéal is ag réabadh na gceall.

Bocht ár gcinniúint inniu, muidinne a shiúil go stuama
ar shlí an tsoiscéil ó chré go cré;
Ár réim saoil anseo inár dtearmann léinn
curtha ó chrích is cá bhfuil cabhair Dé?

Tá muid bainte dár gcothrom is dár gcleachtadh,
i ngreim an dá bhruach idir sean agus nua;
Gan éinne fágtha a dhéanfadh fios fáistine feasta
is ár ndraoithe curtha i bhfód sa lom rua.

Léanmhar ár scéal truamhéalach, éagórach ár ré,
tír a bhí faoi shéan, láthair an léinn
inar hoileadh na mílte i méin na síthe
curtha ó chrích is créachta ag lucht na scéine.

20

Aoibhinn liom na séasúir,
iad uile go léir,
is mé amuigh sa gharraí
á chur fá réir.

Is abóidh gach meas
in am is i dtráth,
faoi ghríosú na gréine
is cúram an ghrá.

Is tiocfaidh chun toraidh
ar ghéag is craobh
cnó is caor is úlla cumhra,
gach gas faoi aoibh.

Is tugaim altú is buíochas
do Dhé na Cré
a fhágann gach uile ghéag
gleoite lena spré.

21

Ró-ghrá d'fhear
a d'fhág anseo mé
ar bhruach srutháin
idir Loch na gCorr
agus Cnoc an Bhuinneáin.

Ar mo sheachnadh anois
ó dhaorbhroid teaghlaigh
is ó cháineadh na cléire,
mairim ar an bheagán
is mé ag saothrú mo dháin.

Guím is feacaim glúin
roimh dhair is caorthainn.
Tugaim altú is dílseacht
do ghealach is grian,
don mhaidin a ghealann,

Is don oíche a dhorchaíonn.
Chan domhsa feasta
an tionól daonna,
brú an phósta
ná brostú na giniúna.

Mianta na colla
is fuadar na fola
a shní go tiomanta
i gcuislí an dáin,
sin anois m'impí, mo ghuí,

Is mo phaidir ghintlí.

22

MARGINALIA

Is iomaí craiceann
a chuireann focla
i mbéal bréagadóra

Scéalta Reatha

Ba Riabhacha na bPianónna

i gcead do Jerzy Harasymowicz

Tráthnóna Samhna
idir dall agus dorchadas
is an ghrian ag gabháil as
ar chúl na Mallacha, chífeá
ba riabhacha na bpianónna
ag iníor sa chaorán
ó Phrochlais go hAlltán.

I dtost bog an bhogaigh
chluinfeá géim úscach
a gcuid geantraí, nó uaireanta,
siúl spadánta a gcuid siansaí.
Corrlá chluinfeá
plobarsach bhogchaointeach
a gcuid goltraí is bhéarfá mionna
go raibh a gcuid coinséartónna
ag déanamh bainne géar den aer.

Amanta eile
chífeá iad ag géarú a gcluasa
is iad ag éisteacht faoi dhraíocht
le snagcheol na bhfroganna:
cársán ceolmhar, cumtha gan ullmhú,
i bpoll brocach portaigh
ag Abhainn Mhín an Mhadaidh.
Rapsóidí i ngorm glórach, rifeanna
piachánacha ar dhord garbh a ngutha
a chuir drithlíní áthais ag cuisliú
i mba riabhacha na bpianónna,
ionas go raibh siad láithreach
ag déanamh útha.

Ba mhór an ócáid scannail é
i ndáiríre píre
i ndiaidh na saoire

nuair a luíodar síos
go dúshlánach, dalba
i halla ceolchoirme
agus d'fhéach go fuarchúiseach
ar aghaidheanna tógtha
an lucht éisteachta
a bhí chomh bán le ceannbháin

agus iad ag stánadh le halltacht
ar bha riabhacha na bpianónna
ina suí go sómasach
ag athchognadh a gcuid coinséartónna,
fad is a bhí na giollaí
ag tarraingt go hamscaí
ar mhéarchlár a gcuid úthanna,
ag iarraidh an bhó a dhreasú astu.

TÁ CÓNAÍ ORM I NDÁN

Tá cónaí orm i ndán
amuigh anseo
i mbéal an uaignis.

Portaigh loma
na bhfocal
i mo thimpeall.

Corrlá tchím
caora bhrocach
ag iníor
ar mhalaidh chrochta
an mheafair.

Corroíche tig
broc liath chugam
as Prochlais smaointe.
Éistim leis
ag scríobadach sa dorchadas.

Anois is arís
ar mhaithe le mo chroí
siúlaim cúig nó sé
de véarsaí.

Is beag solas
a ghealann mo dhán
is titeann an oíche ann
ina lánstad.

Saol Corrach

Laethe na Bó Bradaí
is cluasa ar na claíocha,

tháinig an scéal chugam
i mbéal na gaoithe

gur ligeadh an cat
mara as an mhála

is go bhfuil an tóin
ag titim as an tsaol.

I mBaile an Teampaill
casadh neach orm,

coinneal ina shúile
is Dia aige ar bhacán.

Dia na Seanaoise

'Tá Dia foighdeach,' a deirtí,
'ach níl Sé dearmadach.'
Focla atá anois gan bhrí,

óir tá meath aoise ar a chuimhne
is ní ciall dó níos mó
a bhfuil ag tarlú ina aigne.

Is i dtaca leis an chine throdach
a phóraigh Sé fadó
ar phláinéad beag imeallach,

tá siad fós ag deargadh airm
ach ní cúis dó anois
a pháirt ina mbeatha ná a ghairm.

Bean na Gaeilge

do Chaitlín Ní Bhroin

In aois a ceithre scór
tá sí ag foghlaim Gaeilige.

Bhí sí ariamh treallúsach
ina dóigh agus ina dearcadh.

An cur chuige céanna sin
atá aici anois le Gaeilig.

Níl sí róchinnte, a deir sí,
den aimsir láithreach.

Is ach oiread leis sin
breast léithe an aimsir chaite.

An aimsir fháistineach amháin
a chleachtann sí anois –

'Beidh mé!
Rachaidh mé!
Mairfidh mé!'

Rang na Gaeilge

Inniu sa rang comhrá
tá feimineach mná
míshásta leis an rangú
caol le caol, leathan le leathan.
Ciníochas atá ann, a deir sí.

Tá fear óg trasghnéasach
ag tabhairt amach
faoin idirdhealú diúltach
a rialaíonn go bhfuil focla
firinscneach nó baininscneach.

Níl sna rialacha gramadaí
dar leis an ainrialaí
ach achta smachta
a thugann cead don Teanga
ár smaointe a shrianadh.

Caidé a thig liom a rá?
Tig támh ar mo theangaidh
is labhraim leo i dTost,
urlabhra atá saor ó ghramadach.
Cuireann sin spreagadh sa chomhrá.

Gairdín Pharthais

Sa gharradh faoi thaitneamh na gréine
tá na buachaillí áilne ag siúl
lámh ar lámh i dteas an cheana.

Agus is cuma sa diabhal leo
faoi Ádhamh agus faoi Éabha
agus úll mallaithe na haithne.

Is cuma leo ach a bheith ag tabhairt ómóis
dá chéile go croíúil, ceanúil, gealgháireach,
faoi ghlóir-réim lúcháireach na hUile.

Tig na Laethanta Dorcha Seo

Tig na laethanta dorcha seo:
laethanta ina mbíonn gach casadh
ar an bhealach ina chomhartha ceiste
is gan fios agam cá bhfuil mo thriall;
an soir nó siar atá mo threo
amhail is dá mbeinn ar steallaí meisce.

Tig na laethanta dorcha seo:
laethanta ina dtiteann na mothúcháin
as a chéile mar ghréithe cré
ón tseanré a thógfaí as an talamh
is a d'imeodh ina phúdar a luaithe
is a nochtfaí iad do sholas an lae.

Tig na laethanta dorcha seo:
laethanta atá níos duibhe ná dubh.
Ní chanann na héin, níl blas ar bhia,
téann an solas as i mínte na gcnoc,
is ar nós an bhroic téim i bprochlais,
ag déanamh dorchadais le duine is le Dia.

Sneachta

An t-éan bán arrachtach seo
a tháinig chugainn gan mhothú,
tá sé ag cur an chluimhrigh
ó mhaidin, á scaipeadh ina bháine
ar chnoic agus ar chaoráin.

Ó na críocha fuara ó thuaidh
tháinig sé, séideoga geala a anála
ag cur scum trom siocáin
ar shúile liathghorma na locha
agus greadfach i ngéaga na gcrann.

Um meán oíche, é rite as anáil,
cuachann sé suas i mullach an tí
agus titeann a chodladh air.
Faoi sholas na gealaí, tchím a chrúba
ag gobadh as na bundlaoithe.

Sa Souk, Marrakesh

Idir stainnín na mban
agus seastán na gcumhrán
bhuail mé le haingeal;
an sciathán a bhí síos leis
deasaithe i mbindealán bán.
Chan gan saothar ba léir
a thuirling sé ar an tsaol.
D'fhéach sé orm go géar
ag cur in iúl domh go sochmaidh
go raibh cumann eadrainn seal
i bhfad ó shin sa Bhablóin,
gaol nach dtáinig chun cinn, faraor,
de bharr shaol na linne,
ach anois bhí linn ...
D'fhéach sé orm,
a ghnúis aingli lasta le díograis.
Bhí fonn air, a dúirt sé, ár gcumann,
ár ngrá éagmaise ón tseanré
a thabhairt chun solais.
Faraor, bhí mo sháith os mo choinnese
an saol seo, a dúirt mé leis,
a thabhairt chun léire is grinnis
gan trácht ar an tsaol úd
a bhí curtha i gcré na Bablóine.
Lena chois sin bhí am tae ann
rud a ba phráinní i bhfad
ná a bheith ag tochailt sa tseanré.

Idir stainnín na mban
agus seastán na gcumhrán
d'fhág mé slán
ag m'aingeal beag geal
agus é ar leathsciathán
ach bhí a fhios agam
nach mbeadh ann ach seal

go dtuirlingeodh sé
ar dhuine éigin eile lena dhea-scéala.
Is cinnte go raibh siad ann
a chuirfeadh fáilte roimh aingeal.

In Ómós na mBan

LABHRANN HAGAR

d'Áine Ní Fhoghlú

Mise Hagar, an tÉigipteach,
curtha ó theach is ó threabh,
curtha ó sheilbh is ó stádas.
Le hIshmael, mo mhac muirneach,
fágtha ar an anás san fhásach.

Mar bhean seirbhíse, mar bhean luí,
chruthaigh mé go maith daofa:
d'Abraham a labhrann le Dia
is do Sarah, a sheanchéile liath.
De bhrí nach dtáinig gin as a broinn féin,
d'ordaigh sí chun na leapa mé lena céile
ionas go mbuanófaí a phór.
Ghéill mé dá héileamh is dá smacht
is ar oíche na feise is na féile
thug mé sásamh na fola dó mar a d'fhóir.
Trí ráithe ina dhiaidh sin rug mé
oidhre mic daofa faoi ghradam is faoi ghlóir.

Ach nuair a saolaíodh mac do Sarah
agus í sé bliana is ceithre scór
ní raibh iomrá ar éinne eile ach é.
Gineadh Isaac, a dúirt sí, trí bhíthin Dé.
Ba eisean géag uasal an teaghlaigh, pór
gan teimheal, cead athartha aige
ar thailte Abraham; ar a thréada is a tháinte.
Sa chás sin, éan strainséartha i nead Sarah
ab ea mo mhacsa. Leanbh tabhartha
a bhí ann anois gan seilbh aige ná stádas.
'Greadaigí libh as an teach seo,' arsa Sarah.
'Le caoinchead Dé, tá mac dlisteanach
i réim anseo anois, oidhre gan smál.'
Is dhíbir sí muid, mise is mo mhac muirneach,
dhíbir sí muid amach san fhásach.

Mise Hagar, an tÉigipteach,
anseo i dtuire an fhásaigh
mar a bhfuil na nathracha ag faire
is an talamh gan trócaire,
lorgóidh mé uisce, lorgóidh mé uaimh.
I bhfách le mo mhac is a dtiocfaidh uaidh
de shíolbhach, ní mór domh a bheith fóinteach.
Óir cuireadh in iúl domh i bhfís
gur asainne a shíolróidh
ciníocha an fhásaigh is gur daofa siúd
a thabharfaidh Dia an Tiomna deiridh.

Mise Hagar, Máthair an Fhásaigh!
Bhéarfaidh mé an fiántas seo chun toraidh.
Beidh mo scéalsa á ríomh fosta
in Annála Dé. Ná síleadh Sarah
go gcealóidh sí m'ainmse lena cuid ceilge.
Beidh mé beo is ag beathú
i bhféitheacha mo chine.
Ar neamhchead do Sarah is a bunadh
dhéanfaidh mé mo mhargadh féin
le Dia agus le Duine.

PIAN

Chuir sí litir chuige
ag rá gur saolaíodh iníon daofa
is pictiúr den leanbh
cuachta i seál beag olla;
Is d'fhán sí léithe féin
ar an uaigneas, deoranta
i seomra gan aithne
i gcathair choimhthíoch i gcéin
ag fanacht is ag feitheamh
ar litir nach dtáinig.

Is nuair a bhain sí
deireadh dúile as freagra a fháil
thug sí an leanbh suas
do na mná rialta.
An leanbh a chothaigh sí
ar a brollach le sé seachtainí,
an leanbh rúin
a saolaíodh ar an taobh thuathal den phósadh,
ar an taobh chontráilte de na coinbhinsiúin,
an leanbh nach luafaí
ainm a hathair léithe go brách.

Thug sí a hiníon ionúin,
toradh te a broinne,
thug sí í do na mná rialta
le go dtógfaí í isteach
ar altramas i dteach dlisteanach
ionas go mbeadh stádas aici is seasamh.

Ionas go mbeadh
beathaisnéis cheadaithe aici,
múnlaithe is údaraithe
is séalaithe
faoi scáth na hEaglaise.

Fíricí a breithe
curtha faoi chuing rúin,
curtha faoi shnaidhm an tosta
i gcomhad druidte an doichill.

Ghéill sí do bhrú a linne
is lig sí uaithi naí a broinne
ach i gcomhad a croí
ní chealófaí na cuimhní.

Is an seál beag olla
ina raibh a babaí cuachta suas
go te, seascair, cuimir,
choinneodh sí é lena beo.

Bheadh boladh a hiníne
a lig sí uaithi
á pianadh go deo.

An tUaireadóir

i gcead do Phádraig Ó Bléine

An t-uaireadóir seo
a b'ansa léithe agus í beo
d'aimsigh mé é inné
faoi bhurla dá cuid éadaigh
sa tseomra fágtha seo
nach dtaitheodh sí aríst go deo.

An t-uaireadóir seo
a choinnigh tionlacan beo
le cuisle ceoil a croí
agus í ina Beatha, bhí sé ina thost;
a lámha saothracha ina stad,
a chlogchroí dílis gan phreab.

An t-uaireadóir seo
a b'ansa léithe agus í beo
thochrais mé é go réidh.
Chuir mé Beatha ina lámha sioctha,
chuir mé beocht ina chroí stoptha,
tháinig aoibh spreagtha ar a aghaidh.

An t-uaireadóir seo
tá sé aríst ar a bhuille beo.
Á: Dá bhféadfaí, dá bhféadfaí,
casadh chomh héascaidh
a bhaint as an Bhás
is croí cásmhar mo mháthara

a thabhairt aríst ina beathaidh!

Madge Herron

do Patricia Herron

1

Ní raibh rachmas ar bith leat
as an chliabhán ná cúl taca

óir tógadh tú ar an ghannchuid
ar mhalaidh Ghleann na mBuachaill,

ach amuigh i bhféaraigh sléibhe
an tslua sí is gan ionat, a Mhadge,

ach slip girsí ag buachailleacht
eallaigh, rinne tú caradradh

le focla. Thóg siad tú amach
asat féin, as beatha chúng

do linne. Chuir siad eiteoga
faoi do shamhlaíocht sa chruth

go raibh éirim imeachta agat
is an cúnglach ag teannadh ort.

Dhamhsaigh tú leo, a Mhadge,
ar chlár bog deil na filíochta.

2

Bandraoi a bhí ionat, a Mhadge.
Sceith an fhilíocht as do bhéal

ina ndánta draíochta, ina mbriochtaí
meallacacha. Chleacht tú gintlíocht

agus tú ag cur foghair is focla
ag déanamh séise le chéile.

Bhí sé de dhánaíocht ionat
gach dorcha is gach diamhair

a ligean isteach i do dhán
is iad a shuí ansiúd sa tsolas.

Chan ar an leathanach bán
a d'fhág tusa do dhánta

ach i mbéal fial an aeir,
sa riocht is go mbeadh siad

ag briatharú leo go deo,
bith bheo ar fud na cruinne.

3

Ní raibh mórán measa agat
ar dhánta deasa fá rósanna

ná ar fhilíocht bhog rómánsúil.
Chuir tú piobar dearg te

i dtóin na seanráite. Bhain tú
an meanach as friotal, as foirmlí

a bhí súchaite. Chuir tú scian
an dímheasa i véarsaí síodúla,

féinsásta. Ainrialaí an dáin,
rinne tú ruadhó, a Mhadge,

ar choinbhinsiúin na filíochta
le hanáil thintrí na cáinte.

Níorbh ealaín duit a athrach
agus an tallann uaibhreach a bhí

ag oibriú ionat go bun na dúide.
Splanc an chaint asat ina chaor.

4

Dán de dhánta an tsaoil a bhí ann
gur bhuail mé leat, a Mhadge,

ag oíche choirme i gCamden Town.
I gcóta smolchaite, do bhairéad dearg

ar feirc agat, cuma thógtha ort,
chuala mé tú ag ligean liú

asat féin ag ceann an stáitse
agus mé ag léamh mo dhánta.

'Fuair tú an ball bog ionam, a mhic,'
a dúirt tú agus mé ag teacht ón ardán.

'Crothnaím sean-Ghaeilig an bhaile
is na briathra míne críonna a bhíodh

ag an tseandream fá Bhaile na Finne,'
is bhí deora leat, a Mhadge,

chomh bog le huisce na bpollán
i gcaoráin Ghleann na mBuachaill.

5

Níor chlis an chaint ort ariamh
nuair a bhí an ceart le seasamh.

Lig tú do racht uait go poiblí
ag daoradh Rialtas na Breataine

as a mbrúidiúlacht sa Tuaisceart.
Rois piléar a ba gach focal.

Cé go raibh tú beo ar an bheagán
i seanárasán i Kentish Town,

ba tú díon na lag is na ndeoraithe:
Náibhithe na hÉireann nár éirigh

an saol leo is a bhí fágtha ar an anás;
allatáin chnámh ina luí amuigh

ar na sráideacha is i mbéal doirse,
rinne tú daonnacht orthu, a Mhadge.

Bochtáin, fir siúil, seachránaithe an tsaoil,
fuair siad uilig aíocht i do chroí.

6

D'ól tú, a Mhadge, as fuarán feasa
na filíochta, is chuir tú fuaim is béim

le focla i gcéarta lasta na nDámh.
Bhí tú domhain, dána agus docheansaithe.

Dúradh go raibh tú éadrom san inchinn.
Dá chomhartha sin, dhamhsaigh tú

leis an tslua sí, d'eitil tú le haingle.
Anois agus do ré shaolta reaite

tá tú i do luí fá shuaimhneas buan
sa tearmann chré i mBaile na Finne.

Tá tú aríst i measc do dhaoine féin,
san áit nach ngointear do shuan

i ndiaidh na mblianta corracha i gcéin
in éagmais do mhuintire is do thíre.

Oíche is lá anois tá anáil aeir ó do ghleann
dúchais ag teacht chugat i mbéal na gaoithe.

Cassandra

Bhí bua diamhair na fáistine agat
ach faraor, ar uair na práinne,
níor chreid éinne an tuar
a rinne tú fána gcoinne.

Taibhsíodh duit go fíor na fir throda
faoi iomlán airm is éide
a bhí ceilte ag na Gréagaigh
i mbolg an chapaill bhréige.

Físí! D'aithin tú na comharthaí.
Dá ligfí an capall maide isteach
thar gheaftaí na Traí, ba sin titim
na dtréan agus turnamh na cathrach.

Dhíol tú go daor as do bhua fáistine.
Rinne Aias, an Gréagach, tú a éigniú
i dtearmann beannaithe Athene
is thug Agamemnon leis tú,

I do bhean tráille ó chreach na Traí.
Thuar tú do bhás féin.
Cé gur feasach tú, ní raibh cosc
ná cosaint agat ar lá an léin.

Ach d'éag tú go caithréimeach
ag tuar oidhe a béil féin
ar chéile mná Agamemmon
a chuir scian ionat go feirc.

2

Cé nach bhfuil fréamh ar fáil duit inniu,
níor imigh tú as maíomh, a Chassandra.
I mbéal na bhfilí tig tú i láthair
is tú ag fógairt na hanacra.

Tá tú ag déanamh meabhráin domh
le bliain anuas nó níos mó.
Ó sheal go seal tig tú chugam
faoi scáth an dáin ag tuar anró.

Do theangaidh rúin ag oibriú i mbéal
mo dháin: 'Tiocfaidh arracht na seacht n-aigne
i réim ar fud na cruinne.
Súfaidh sé chuige an domhan is an duine.'

Is a hoiread le gaiscígh na sean-Ghréige
a d'eitigh do thuar le gáir mhagaidh,
cuirtear suas duit inniu fosta. Ach cuimhnígí,
gol a ngáire féin a bhí ag lucht na Traí.

Cuimhní

I gCuimhne ar Ócáid Cheoil le Gerry O'Connor agus Eithne Ní Uallacháin

I mo chuimhne tchím iad ina suí
i bhfuinneog ghréine an Tí Mhóir,
iad óg agus aigeanta, lán de chroí;
Solas na Bealtaine ina luisne óir
á n-aoibhniú agus iad ag freagairt
dá chéile go hanamúil i gcleamhnas
mórchroíoch an cheoil. I bhfís rúin
b'fhacthas domh an tráthnóna sin
go raibh gach neach agus gach ní
i seomra mór Seoirseach an Tí Mhóir
bogtha le spiorad an cheoil. Na hornáidí
seanaosta is an troscán tromdhéanta,
charbh ionadh liom dá n-éireoidís amach
astu féin go beo aicseanta le steip
damhsa a dhéanamh don chuideachta.

I mo chuimhne tchím iad ina suí
i bhfuinneog an Tí Mhóir, iad óg
agus aigeanta, lán de chroí,
an ghrian á bpógadh, an saol rompu,
mar a síleadh. Ach ar an drochuair,
bhí a dtiocfadh is a dtáinig
de mhéala an bháis sa tsiúl leo
i ngan fhios daofa. Ach anois
bánaím as m'aigne scáth an dóláis
óir i mo chuimhne tá an seomra lasta
le gile na Bealtaine is le glóir an cheoil.
San áit a mbíonn ceol bíonn grásta.

Foinn agus focla oirirc Oirialla,
sheinn agus chan siad iad go galánta
sa chruth gur shoilsigh chugainn gan choinne
i dtaispeánadh an cheoil, duine ar dhuine,
Mac Cumhaigh, Ó Doirnín agus Mac Cuarta,
is *m'lady* an Tí, Pátrún na héigse,

d'fháiltigh sí rompu go cúirtéiseach
mar a bhí dulta do ríshliocht na bhfilí
is oirfidigh na coirme, Gerry
agus Eithne á dtoghairm
is á dtabhairt inár láthair le briochtaí
na n-amhrán is le horthaí an cheoil.

I mo chuimhne tá siad fós ina suí
i bhfuinneog ghréine an Tí Mhóir
iad óg agus aigeanta, lán de chroí
is go dtréige an anáil mé
fanachaidh an íomhá seo liom, glan agus glé;
ina ortha sóláis, ina briocht dóchais.

Fear a Bhí ar m'Aithne i m'Óige

Lá den tsaol
bhí sé umhal éascaidh;
truslóg fir sléibhe
ina choiscéim éadrom.

'Anois níl ann
ach go bhfuil mé ábalta
fuisc a chur sna cait,'
an clamhsán a bhíodh aige.

Mar scannán tanaí
de shiocán bán
an cumhdach gruaige
a chlúdaigh a chloigeann.

Bhí rith a bhéil
leis i gcónaí is na pislíní
ar a smig, sramaí an tseilide
a chuirfeadh siad i do cheann.

Bhí sé ráite
go bhfeannfadh sé
dearnad as a chraiceann
ar mhaithe le sochar.

Duine tobann
a bhí ann, fear trioblóideach
i mbaile; é chomh stuacánta
le broc i mbéal brocaigh.

Bhí dóigh mhagúil
is an focal trom aige go hiondúil
i dtaobh an Rialtais. Fáilte an doichill
a bhíodh aige roimh an chléir.

'Ag éirí aníos domh
mura mbeadh teann ar do chúl
nó sagart mór le taobhú leat,
cha raibh *fuckall* i ndán duit,'

a chluinfeá uaidh,
é ina shuí cois teallaigh,
a ladhra á rósadh aige
i sómas na gríosaí.

'Toil Dé le mo thoilse
is mo thoilse go ndéantar,'
a déarfadh sé go sotalach,
cos amuigh is cos istigh aige san uaigh.

Níl a fhios agam
agus é ag aibhsiú an bháis
ar feadh achar na hoíche uaigní
ar chlis ar a mhórchúis?

Bhí féith na deilge
ina dhúchas á dhéanamh aingí.
Inniu tá dreasóga ag fás go bagrach
i mballóg bhriste a sheantí.

Ina dhusta anois
in úir mhéith Ghort an Choirce
ach go fóill tá a chuid cainte
ag déanamh angaidh i mo chluasa.

Gasúr na hEamhna

i ndilchuimhne ar Frank Curran, 29 Meán Fómhair 2023

I do ghasúr, a Frank, tháinig tú aníos chugainn
ó Mhuileann na hAbhann. Ba tusa Cú na gCleas
le do chamán is sliotar, iomáint Thiobraid Árann
á taispeáint agat go deaslámhach, deas.

I Mín an Leá, rinne muid iontas de do ghníomhartha imeartha.
Bhí láimhseáil an chamáin is cnagadh an tsliotair
leat ó dhúchas do dhaoine. Dúinne sa bhaile seo ó thuaidh
ba laoch tú. Gasúr na hEamhna beo inár láthair.

Rop tú is thiomáin tú an sliotar go glórmhar fríd an aer,
amhail is dá mbeadh na seandéithe ag stiúradh do láimhe,
Aonghus Óg na Bóinne nó Lugh Mór Dhroim na Tineadh.
Ba léir go raibh gaol acu leat, a Frank, agus dáimh.

Nó bhí luisne na glóire agus loinnir an tsolais
i do ghruaidh, i do shúile agus tú ar Pháirc na Báire.
Ar leathghlúin, nó i do sheasamh, ina rith nó ag léimtigh
ba tusa gasúr na n-éacht, gaiscíoch uasal an gháire.

Inniu tá Mín an Leá faoi mhéala agus faoi bhrón
ó Mhalaidh Bhéal an Átha go dtí an Bhinn Mhór.
Tá laoch ár n-óige ar shiúl, an té a raibh éascaíocht
na gaisce ina ghéaga, tá sé ar lár i nGaoth Dobhair.

Inniu, tá Mín an Leá, i do chrothnú is i do chaoineadh.
Tá na déithe ag siúl an tsléibhe faoi chosa na báistí.
Tá olagón caointe i ngaoth na Míne, tá an Chloch Bhán
gan dealramh, tá Páirc Bhríde imithe in ísle brí.

Dá mba dual do na baird a bheith linn ina mbeatha
dhéanfaí comóradh binn os do chionn le snoiteacht
na seanchainte ach níl agamsa ach focla bochta, anbhanna
a dtig meath orthu, a Frank, is a chailleann a n-éifeacht.

A Frank, is trua liom an chinniúint a thug tú chun siúil
is go bhfuil tú curtha i dtost anois faoi luí na créafóige
ach cuimhneoidh mé ort, chan ar do bhás ach ar do bheatha.
Ar ghasúr na hEamhna agus é ina bhrí faoi luan na hóige.

Baitsiléir an tSléibhe, 1977

'Tá *setaway* ar dóigh ag ógánach anois,
thig leis a ghabháil le fear mas mian leis.'

Agus mhothaigh mé gur choinnigh sé srian
ar an chineál grá a bhí lena mhian,

buachaill deas téagartha a thabharfadh dó póg
is a ruaigfeadh a t-uaigneas le barróg.

Is feiceadh domh gurb é sin mo dhán. Le mo ré
thabharfainn teangaidh don tost a thacht é.

An File ag Cailleadh a Chuimhne

Tá sceo ar a chuimhne
atá chomh dlúth
le ceo sléibhe is níl lá
nach bhfuil sé ag treisiú,

ionas nach léir dó níos mó
tírdhreach a dháin;
an focalríocht a bhí
faoi réir aige i gcónaí.

Anois limistéar doiléir
a shíneann roimhe sa cheo
is ní heol dó an soir
nó siar atá a threo.

An intleacht shoiléir, an tsúil
ghrinn, an léargas glé,
ar fhód seachráin na díchuimhne
tá siad imithe ar strae.

Is tá a fhios aige go rímhaith
nach fuascailt dó anois
a chóta bán, de réir gnáis,
a thiontú droim ar ais.

MIANACH COGAIDH

Iadsan atá ar an eolas
deir siad liom i gcónaí
gurb é bua an bholaidh
an ceann is maoithní
de na céadfaí, an ceann is túisce
a mhúsclaíonn seanchuimhní.
An é boladh géar an aoiligh
i bpáirc i bhFána Bhuí
nó boladh tréan na gcapall
i ngarraí Néill Bhearnaí
a thug ar ais mé inné
sa riocht is go raibh mé
i mo pháiste arís
ag éisteacht le mo sheanathair,
muid ar bheagán spré
inár suí cois teallaigh ag ól tae?
Eisean ag tairngreacht
is ag tuar oilc
as duilleoga bruite an tae;
ag rá go raibh an lá ag teacht
a dtiocfadh beithígh an eirligh
as cúl na doininne
ag cac tine ar an duine.

An é boladh géar an aoiligh
ar an aer i bhFána Bhuí
nó boladh tréan na gcapall
i ngarraí Néill Bhearnaí
a thug chun solais
cúis scéine an pháiste –
ceithre creasa na cruinne
ina chaor lasrach is an spéir
ag sileadh anuas air
ina leadhbacha leáite?
Ábhar uafáis a bhí curtha go doiléir

i bhfód íochtair m'aigne
macasamhail mianach pléascach
ó aimsir an chogaidh
suncáilte domhain
i gclós súgartha na bpáistí?

Peach

Aoibhinn liom do cholainn
cruinnbhallach, snua
do chraicinn ag teacht
ó bhuí tréitheach na gréine.

An brus deas fionnaidh seo
ar do chneas, clúmh
bog na hóige, chomh caoin
leis an fhéasóg mhín

a bhíonn ar leicne stócaigh
roimh aois a bhearrtha.
Ribeoga beaga do bhoige
a chuireann tochas ionam

sula mbainim plaic asat,
as do phluca méithe,
as an tsúmhaireacht bhuí
atá ag úscadh istigh ionat.

Is nuair a théim ionat
le tréan cíocrais, a dhíograis,
tig tú i do shú milis i mo bhéal,
do do thabhairt féin

go fial is go géilliúil,
gach uile phioc de do bhrí
go dtí nach mbíonn fágtha díot
ach cnó dearg do chroí.

NA CRUACHA

don Athair Pádraig Ó Baoill

Brónach inniu bailte bánaithe na gCruach;
Scréachóg éin ag déanamh uaignis
Fá Chruach Mhín an Fheannta, cnáfairt chnámh
i mbéal dorais ar an Dúchruach,
Abhainn an Ríleáin ina scríob liath sa ghleann.

Uaigneach inniu tithe tréigthe na gCruach;
Gan gleo teaghlaigh, gan comhartha beo
ó éinne; gan le cluinstin ach an ghaoth
ag déanamh éagaoine sna seanbhallóga seo
i Mín na Sróna, ar an Chlochar, i gCruach Leacaigh.

Cumhúil inniu ballóga bearnacha na gCruach;
Tháinig scaipeadh agus fán ar a raibh anseo,
iadsan a chuir maise na filíochta ar a gcuid cainte,
a bhí eolach ar an tseanchas, a thaiscigh an ceol,
tháinig smoladh ar an tsaol a chothaigh iad.

Fuar inniu tinteáin fholamha na gCruach;
San áit a mbíodh gríosach chainte fán teallach,
níl laom ann ná focal. San áit a mbíodh an seanchaí
ag cur aibhleog dhearg ar a phíopa le téamh
a thabhairt dá scéal, níl teas ann ná téamh.

Léanmhar inniu tinneas talún na gCruach;
Galar craicinn ar chuibhrinn an Chlochair,
mún fola ar dhíogacha rua-mheirge na Deargchruaiche,
giorra anála ar leargacha crochta an Gháigín,
glothar an bháis i bpoill phortaigh Mhín na Sróna.

Taibhsiúil anocht bealaí uaigneacha na gCruach;
Tá na mairbh ar a gcosa, an oíche beo le gleo
a gcuid cainte, fir scafánta ag tiomáint caorach, mná
sciobtha i seálta dubha, a gcuid cniotála leo chun an mhargaidh;
drochthuar os a gcionn is iad ag teacht thar dhroim na hoíche.

Ag Cuimhneamh ar an Úcráin i Machaire Rabhartaigh

do Tatiana agus Patrick Breslin

1

Tchím bodógaí mara
i mbéal na toinne
is spéir an mhurlais
os cionn Inis Bó Finne.

Os mo choinne, tráigh
mhíngheal shoilseach:
Sna dumhaigh, tá uabhar
fáis sa mhuiríneach.

Tá an treathlach mór
ina shuí go rídheas
ag móradh a íomhá féin
sa tsáile gormghlas.

Síocháin agus suaimhneas
fá mhuir is fá thír,
chan ionann is an Úcráin
mar a bhfuil ár go síor.

Ár agus slad oíche is lá!
Crá croí domh a gcás,
an doirteadh fola, a mbailte
á ndíothú is a mbás.

2

As uaigh réabtha i mo chroí
éiríonn na cnámharlaigh;
Iad scallta, feannta ó fhéith
is ó fheoil, saighdiúirí

a bhásaigh san ár, sa phláigh,
sa deargadh fola i mBucha,
i Mariupol, i Zaporizhzhia
agus i gcraos Ifrinn Bakhmut.

Iad ag súil nach gníomh in aisce
a bhí ina mbás; an cath tréan
a throid siad ar son fhuascailt a dtíre
ón leatrom agus ón léan.

Faraor, ar an uair chinniúnach seo,
níl agam ach focla gan bhrí
le teangaidh a thabhairt dá n-íobairt,
na stócaigh seo a cuireadh ó chrích

i réabadh piléar, i roiseadh pléascán
ar ármhá catha sa Úcráin.
Caidé a thig liom a dhéanamh ach a dtaisí
a adhlacadh i bhfód mo dháin?

3

Tráth den tsaol, bhí siad ann,
iadsan a bhíodh ag maíomh
as réabhlóid na Sóivéide, as Lenin,
as cinniúint ghlórmhar na Rúise.
Dá mba a dtoil é, is cinnte
go n-ardófaí an Bhratach Dhearg
ar cheanncheathrúna na hEorpa.
B'fhada leo go mbeadh soiscéal na Sóivéide –
an tréad seachas an duine is slua-dhearcadh an Stáit –
á bhuanú go fada agus go leitheadach.
An bholscaireacht bhithiúnta sin is an bhréag
a d'fhágfadh muid i ngeimhle go héag.

Tráth den tsaol, bhí siad ann,
iadsan a chreid go diaganta
gur slánú an tsaoil a bhí i Lenin
is gur Parthas na coitiantachta
a bhí i dtiarnas fada Stalin.
Is cé gur loisc Jan Palach é féin ina bheatha
i bPrág ag achainí ar an tsaol
le scread ghéibheannach a bháis
gan géilleadh do réimeas na Sóivéide,
níor loic ar a n-iontaoibh siúd
sa bholscaireacht bhithiúnta sin agus sa bhréag
a d'fhágfadh muid i ngeimhle go héag.

4

Is fada ó chum mé
aon dán le haiteas.
Tá aighneas is achrann
ag cur smál ar mo dhóchas.

Idir an lag agus an lom
siúlaim amach sa tsruth.
Tá mé ar thóir mo dháin
sa raic agus sa bhruth.

Tá an ré dhorcha chugainn
mar a bhíothas a thuar.
Ar an tráigh fholamh is an lá
ag dul ó sholas, tá sé fuar, fuar.

An Grá Leatromach

An file ar a leabaidh i lag na hoíche
i mbroid na bhfocal, taom an ghrá
á chiapadh ach ní miste leis choíche
ach véarsaí a thabhairt leis as an chrá
le cluain a chur seal ar an bhás
is a ghrá geal a chomóradh go brách
cé gur chuma leisean ann iad nó as.

Oícheanta ar a leabaidh gan suan is gan néal
ag tomhas is ag meá go lá focla
an ghrá, a mbréathú is a maisiú go béal
is á gcur chun siúil faoi shéala
na Bé i ndúil is go rachadh siad
i gcion ar an té is ansa leis, cé
gur chuma leisean chuige nó uaidh iad.

Cluas bhodhar a fhaigheann sé de ghnáth
is é ag déanamh ceoil as cruachás an ghrá,
ag cur focla is fonn le cuisle chráite
an chroí le spás beag a dhealú ón bhás
is le mór a dhéanamh dena ghrá i ráite
meáite an dáin bíodh go bhfuil seisean ag rá
gur chuma leis cé acu ann dó nó as.

A Ógánaigh an Órfhoilt Bhuídhe

A ógánaigh an órfhoilt bhuídhe
nach trua gan mé agus tú, a stór,
ag siúl linn féin sna mínte fraoigh
is ag déanamh spóirt faoin Achla Mhór.

B'aoibhinn an áit é le luí na gréine
is an solas ag sní ó linn go linn,
uisce an easa ina bhoinn órbhuí
ag titim go fras anuas le binn.

B'álainn do chló, a óigfhir chaoimh,
gríos na gréine i lí do ghruaidh
is tú sínte go sochmaidh le mo thaobh
ar mhalaidh réidh an tsléibhe ruaidh.

Ag siúl na ngleann is ag dreapadh beann,
ag déanamh pléisiúir go haclaí teann
ar leabaidh bhog i measc na dtom,
nach againn, a mhian, a bhí an greann.

Is ann a bhíodh muid tráth den tsaol,
do cheann i m'ucht go socair sámh;
an samhradh linn, an aimsir lách,
Shíl mé go mairfeadh ár ngrá go brách.

An Cogadh Mór

Loos: Fómhar, 1915

Tá fir sa trinse ag maíomh as gaisce na marbh.
Is doiligh liom a bheith ina ndáil is iad ag baothchaint
fá lucht gaile. Ligim mo smaointe uaim na bhaile,
áit a mbeidh siad ag déanamh fómhair anois, m'athair
is mo mháthair is meitheal bheag na gcomharsan, iadsan
atá ar fáil is nach bhfuil ar fostú ar an Lagán nó ag saothrú
a gcodach i Midlothians na hAlban is canaim os íseal
faoi m'anáil ceathrú de Choinleach Glas an Fhómhair.
Anseo tá coirp ag lobhadh ina gcéadta i gcuibhrinn
chréachta na Fraince, ag déanamh leasa na hithreach
do na glúnta atá le theacht. Déarfar lá inteacht amach anseo
is curaíocht arís i réim, 'Tá cnámh maith sa talamh seo',
is ní bheidh focal bréige sa rá sin. Cinnte, cinnte,
beidh cnámh sa talamh. Cnámha na marbh!

An Somme, 1916

I ndiaidh a bhfuil feicthe agam anseo de bhás is d'anbhás,
de shéideadh is de phléascadh, de shléacht, de scrios
is de dhoirteadh fola, beidh sé doiligh agam a theacht as
gan siabhradh céille, gan céasadh coirp, gan ciapadh oíche.
Ní hionann a dhul chun an chogaidh is a theacht as.
Má thigim amach as an treascairt seo, suaite, spíonta, sáraithe,
beidh sé doiligh agam a dhul i dtaithí aríst ar an tsaol
a d'fhág mé i mo dhiaidh i nGleann an Átha. Is baol

go mbeidh aibhneacha na fola, an Somme agus an Marne
ag deargadh mo chuimhní agus mé ansiúd ag éisteacht
le hAbhainn an Átha agus í ag cuisliú anuas ó Mhín na Craoibhe.
Beidh bailte créachta an chogaidh, Guillemont agus Ginchy,
Mamet, Montauban agus Beaumont-Hamel á dtaibhsiú domh
agus mé ag siúl fríd bhailte m'óige ó Mhín an Leá go Dún Lúiche.
Beidh cneá dhearg an chogaidh ag déanamh angaidh i m'intinn
is ag fágáil smál gach uile lá beo ar dhreach mo dhúiche.

Passchendaele, 1917

Seo tír thromchroíoch olagónach;
Talamh cnagtha, gágach, cráite,
críoch réabtha, roiste, creachta.
Dúiche d'fheoil stiallta is d'fhuil théachta,
coirp ag lobhadh sna poill chraosacha
nó caite amuigh ar an láib lom
ina mullóga cnámh, na luchóga móra á n-ithe.
Féach anseo, cifleacháin shalacha spágacha
ag únfairt fríd fuílleach bréantais an chatha
mar chiaróga bualtraí. Pléascáin is blaoscáin
ag maidhmiú na talún ina dtimpeall, á gcur san aer.
Bí buíoch nach bhfuil tú ar bhlár an áir,
aingeal an eirligh os do chionn gan trócaire
is tú ag screadaí ar Dhia nach n-éisteann le d'impí.

Focla Deireanacha an tSaighdiúra

Anseo ar ármhá an chatha má fhaighimse bás
ná bí ag maíomh gur ar son an Rí
a thug mé mo bheatha. Seachain an plámás,
an bholscaireacht a thugann anáil d'aindlí
an chogaidh is a chuireann cosa faoin bhréag.
Chan do King George, a choróin ná a ríocht,
a sheasaim faoi airm. Chan dó a throidim go héag
ar bhlár an áir. Amaidí! Dallamullóg is saíocht
chaoch na gaiscíochta a d'fhág mé, faraor,
ag troid ar son cúise nach bhfuil ceart nó cóir.

Ná habair liom mo thoil a chur le toil Dé
is an lucht ceannais ag séideadh chreill an bháis
ar a gcuid fídeog, ár n-ordú chun tosaigh faoi lé
na bpiléar, faoi luí na bpléascán isteach sa chreach,
na céadta againn, créatúirí fágtha, curtha thar an mhullach
leis an cheart, mar dhea, a chosaint go héag.
Seo an bhréag a thugann ceart don éigeart, an bhréag
faoi shéala Dé a cheadaíonn an sléacht, an bhréag dhíobhálach
a fhágann na mílte marbh, a bputóga ag sileadh leo go héag.
Na hábhair linn ár dtoil a chur le toil Dé. Seachain an bhréag!

Radharc Cogaidh, 1917

Ina suí ar aghaidh na gréine
ag ól tae, ag imirt chártaí,

iad ag cuimhneamh ar an bhaile
le cian a thógáil daofa féin

ar bhlár dhearg seo an áir;
a scéal féin ag achan fhear,

beathaisnéisí na cumhaidhe
ó fheirmeacha beaga na tuaithe

is ó shráidbhailte gan iomrá;
comhrá croíúil na gcuimhní

idir chlagarnach na ngunnaí
agus roiseanna de mhionnaí móra.

Is breá leo an sos is an scríste seo
amach as cúnglach thais na dtrinsí

lena gcnámha a shíneadh
is an samhradh ag cur gnaoi

ar thalamh réabtha na Fraince
is ceirín ar chréachtaí an chogaidh.

Tá poipíní dearga ag fás
as leas méith na marbh,

is síos uathu tá reilig mhíleata;
garraí de chroiseanna bána

atá ag leathnú amach achan lá
is ag bláthú ar léana an Bháis.

Do Shaighdiúir sa Fhrainc óna Leannán, Nollaig 1916

Nach lúcháireach lách a bhí ár saol gach lá
fá na mínte féaraigh seo in ucht na gcnoc.
Ar bhuaile gréine an tsamhraidh ba deas ár ngrá
is na huain ag déanamh meidhir fá Chreag an Bhroic.

Ach faoi bhrat an Rí d'éalaigh tú leat, faraor,
i do shaighdiúir liostáilte lán de bhrí
le gaisce a dhéanamh ar bhlár dearg na Fraince
is gan fios agat caidé a bhí romhat, a chroí.

Do litirse gach mí is ola í ar mo chroí.
Tomhaisim gach siolla go mion is go cruinn,
ag meá a bhfuil tú ag rá faoi scáth na bhfocal
is bearna an chogaidh ina duibheagán eadrainn.

Mise sna mínte is tusa amuigh i mbéal na séibe
mar a bhfuil fuadar faoin troid is doirteadh fola.
Tá Nollaig sa tsúil againn anois, séasúr an tseaca,
is cuirim chugat an t-éide seo, geansaí is stocaí teo olla.

Ó go dtiocfaidh tú beo as bruíon agus as gleo.
Chan bonn laochais an bháis atá uaimse, a ghrá,
ach tusa i do bheatha is i gcumas na gcnámh,
ach tá iomrá gach lá faoin ár agus faoin chrá.

Is a Dhia Mhór na Glóire, ná cuir m'achainí ó dhoras
is mé ag impí go gcumhdaí tú Domhnall sa chath,
ná fág ar lár é ag deargadh an fhóid lena óige
ach coinnigh Thusa ó bhaol é sa tsaol úd gan rath.

Gafa i nGaza

Tá tír dhúchais an fhile i gcroí na ndaoine atá faoi dhaorsmacht

Gaza

Nollaig 2023

1

Chan Réalt úd an Eolais
a lasann an spéir
ach pléascáin an áir.

Chan Aingle an Tiarna
a thig le dea-scéal
ach eitleáin chogaidh.

Chan seo na Trí Ríthe
ag teacht lena dtíolacthaí
ach Gorta, Pláigh agus Bás.

Chan Leanbhán an Áidh
a shoilsíonn ón chliabhán
ach corpán fuilteach ár nDóchais.

2

Anseo is fada an t-achar
ó inné go dtí amárach.

Anseo chan ó lá go lá
a mhaireann muid

ach ó anáil go hanáil.

3

Níl teitheadh i ndán dúinn.
Mar is gnách, caithfidh muid
ár mbaile a dhéanamh aríst
mar a rinne ár ndaoine romhainn
as smionagar cnámh, as dusta an áir.

4

Tá mo dhaoine crom
le hualach trom na Cumha.

Tá na bailte úd
as ar ruaigeadh iad

á n-iompar acu i gcónaí
i sac na gcuimhní.

5

Níl de chúl dídine agam
ó chreach is ó dhaoirse
ach clúid na cloigne.

Lúb bheag faoisimh
le cuimhneamh ar fhocla
ó Abraham agus ó Mhaoise:

Uisce, arán, saoirse.

6

Oíche i ndiaidh oíche
tá caointe ár bpáistí le cluinstin,
olagón ar olagón.

Lá i ndiaidh lae
tá stair ár ndaoine á scríobh,
deoir ar dheoir.

Bliain i ndiaidh bliana
tá siadsan ag sealbhú ár dtíre,
fód ar fhód.

Glúin i ndiaidh glúine
tá fearg ár ndaoine ag méadú,
bás ar bhás.

7

I nGaza tá an spéir
ag titim orainn.

I nGaza tá an talamh
ar crith fúinn.

I nGaza tá na cónracha
ag sní sna sráideacha

ina n-aibhneacha.

8

Tá créachtaí na cathrach
ina n-aibhneacha fola.

Táthar ár mbáthadh
i nDíle an díoltais,

is níl aon Áirc againn
le muid a tharrtháil

ná colmán ag ofráil
chraobh olóige na síochána.

9

Seo cathair na mairgní –
a cuid osnaí níos doimhne
ná poill na bpléascán.

10

Cúlsráid na gcuimhní:
Caifé, siopa grósaera,
bearbóir, siopa búistéara.
Comharsanacht teaghlaigh.

Ansiúd chonaic mé
an ghrian ag éirí tráth.
Ansiúd chuala mé
páistí ag gáirí tráth.

Inniu tá a raibh ann
imithe de dhroim an tsaoil,
ina luaith, ina dhusta, ina thoit,
mo bhunadh, mo lucht gaoil.

Idir na fógraí do shnua
craicinn is an Datsun nua,
fuair scrios na sráide
aird na teilifíse ar feadh bomaite.

Cúlsráid a bhí is nach bhfuil:
Caifé, siopa grósaera,
bearbóir, siopa búistéara!
Tá mo chuimhne dearg le fuil.

11

Mairg a gcinniúint
mairg a gcrá
ionradh agus réabadh
ag teacht ó gach taobh
gan sos gan achar faoisimh
gan de shólás acu
ach bás ar an láthair.

Mairg na daoine
mairg a gcás
faoi ionsaí faoi léigear
gan le hól acu
ach toit na bpléascán
gan le hithe acu
ach dusta a gcuid tithe.

Mairg a mná
mairg a bpáistí
a gcuid stéigeacha
stollta astu
ar bhóithre na fola
ar chabhsaí na gcnámh
ar chúlslite na n-osnaí.

Mairg a mbeophian
mairg a ngéarghoin
caoracha tine ón spéir
stealltracha piléar ón talamh
a bhfuil acu den tsaol
imithe ina dhusta sprúdair
imithe ina chúil bhruscair.

12

Inniu is doiligh domhsa
breith ar mo chiall
leis an oibriú seo
atá tagtha ar mo chroí
is mo chomhdhaoine i nGaza
faoi ionradh is faoi ionsaí.

Mo bhráithre, mo chomharsanaigh,
i Jabalia, i Khan Younis,
i Rafah, i mBeit Lahia,
ní thig liom gan tacú leo,
gan trí choiscéim na trócaire
a thabhairt ina dtreo.

Is iad ag iompar an bháis
fríd shráideacha an dóláis
óir i nGaza tá clocha
dúshraithe na daonnachta
á mbriseadh is á maidhmiú
ag airm na tíorántachta.

Is ní leor bláthfhleasc
deas na bhfocal ó cheannairí
cumhachta is ó lucht creidimh
ag cásamh a gcaill leo
is Gaza ina chréacht fola,
áit nach beo d'éinne a mbeo.

Inniu is doiligh domhsa
an focal tomhaiste a aimsiú
is páistí, a gcnámha réabtha
á gcur san aer agus mná,
an ghin ina mbroinn scriosta,
glúin óg tógtha as go brách.

Is a Chríost, seo an Nakba arís,
an cur ó sheilbh, an díbirt,
an loisceadh is an forneart,
is fós níl na tíortha ag teacht
chun fóirithinte is aincheart
Iosrael imithe thar na bearta.

13

A Palestine Woman Speaks

after Tawfiq Zayyad

Here in Gaza, in Ramallah, in Galilee,
we will perpetuate our kind, preserve our ways,
keep alive the memory of what we lost.

With the evil eye we will confound you,
with vengeful charms, we'll overcome you,
with sandstorms we'll drive you astray.

Like cactus thorns, we will prick your conscience,
the spine of your authority, singing our songs
of mourning, filling the prisons, taking to the streets.

We will defend the fig trees and the olive trees,
ferment revolution in the hearts of our young
like the yeast rising in this taboun bread.

Here in Gaza, in Ramallah, in Galilee,
we will have offspring, we will perpetuate our ways
as firm as the olive tree, as resilient as the cactus.

14

Domhnach i Mín an Leá, Domhnach i nGaza

Ar an Domhnach lách seo
i Mín an Leá
agus mé ar mo sháimhín só
sa gharradh
tá mo mhacasamhail i nGaza
rite as anáil
agus é ag impí
go ndéanfaí é a tharrtháil
ó ruathar na ndiúracán
agus ó bhrúcht na bpléascán.

Ar an Domhnach shítheach shóch seo
i Mín an Leá
titfidh an oíche chun ciúnais
agus éireoidh an ghealach
ar aer an tsuaimhnis
ach i nGaza
lasfaidh an spéir
ina craos tine
is déanfar conamar de thithe
is smionagar de chnámha an duine.

Ar an Domhnach chiúin seo
i Mín an Leá
is domh is fusa a bheith
ag mairgneach faoi Ghaza
is mé i mo shuí go sócúlach
sa gharradh
ag baint sú as boladh úr
an fhéir ghearrtha
gan de chaitheamh orm
ach dán a dhéanamh.

Gan de chaitheamh orm
ach dán a dhéanamh?

15

Amhrán Ghaza

do Mhairéad Ní Mhaonaigh

Is fada linn an lá
gan fuascailt ón bhroid,
is is faide linn an oíche
i bpian agus i bpiolóid.
Léigear, ionradh is réabadh
ón talamh is ón spéir;
Púdar, piléar is pléascadh.
Ó mo chreach is mo léir!

Ár mná agus ár bpáistí
smeartha ina gcuid fola
is iad a mbrú chun bealaigh
in éadan a dtola.
An cur ó sheilbh is an slad.
an loisceadh is an forneart,
an t-ionsaí seo gan stad,
an neart seo gan cheart!

Tá muid faoi mhéala inniu
is ár nGaza ina ballóga;
a cnámha á gcur san aer,
a cuid fola is a putóga.
Í roiste agus réabtha
fágtha ina luí ar lár;
a gile is a gliondar
múchta inniu san ár.

Ach éireoidh sí aríst
mar an t-éan úd sa scéal,
as luaith agus as dusta
agus Dia ar a béal.
Éireoidh sí go glórmhar
i mbeocht agus i mbrí,

mo chathair, mo Ghaza
is ansacht mo chroí.
Seo muid faoi shlabhraí,
faoi gheimhle na daoirse
ach tá aisling ár ngríosú:
An Phalaistín agus Saoirse.
Éireoidh muid go cróga
as smionagar na gcnámh.
Tiocfaidh muid as an ár,
seo, tabhair dúinn do lámh.

16

Do B. Netanyahu

Ní shamhlaím tú
ag meabhrú
ar bhriathra maithiúnais
Mhandela.

Ní shamhlaím tú
i dtiúin
le briathra bráithreachais
Mhartin Luther King.

Ní shamhlaím tú
i do shuí
ar do mharana
le Gandhi na Síochána.

Ní shamhlaím tú
ag éisteacht
le stórchiste gaoise
an Dalai Lama.

Ní shamhlaím tú
ag siúl na slí
le Imam Moslamach
sa Ghailíl.

Ní shamhlaím tú
a Rótvaidhléir
le do theangaidh ghéar
ag géilleadh do dhlí na córa.

Ní shamhlaím tú
a Dhia beag an díomais
ag fáil foilsiú an tsolais
ó shaltair nó ó shailm.

Ach samhlaím tú
ag glanadh do thóna
le litir impíoch
ó pháiste i nGaza

a chaill a hathair
is a máthair sa chraos tine
a d'ordaigh tú ón spéir
anuas ar an Chathair.

17

Palaistínigh

'Áit gan mhaith,' arsa seisean go námhadach
agus é faoina dhícheall ag gearradh,
ag roiseadh agus ag stoitheadh as a gcuid rútaí
na neantóga agus na dreasóga a bhí ag fás
go rafar i gcoirnéal thiar an gharraidh.
Nuair a bhí an talamh ina bhlár lom stiallta
lig sé a neart amach air le 'Roundup.'
'Breast liom fiailí,' arsa seisean go sotalach.
'Cuireann siad anchuma ar an áit.'
Níl seasamh ar bith ag na bundúchasaigh seo
i gcoilíneacht ghalánta a gharraidh
ná i bhflaitheas saothraithe na mbláth.
Ní ceadmhach do phobal fódaithe na bhfiailí
a gceann a thógáil ná iad féin a chur in iúl
le lí bíogúil a nglaise sa tír leatromach seo
atá faoi stiúir agus smacht a láimhe.
Níor bhain sé feacadh ná fiaradh as fiailnimh
a úsáid chomh réchúiseach, raidhsiúil.
'Nuair a bheas an tóir curtha agam
ar na neantóga is na dreasóga seo,' arsa seisean go tíoránta,
'beidh mé sásta.'

18

Tá ár mbriathra ar maos
i bhfuil dhearg Ghaza.
Tá Dia agus duine smeartha
le fuil dhearg Ghaza.
Tá an Tiomna agus an Torah
ina dhubh is ina dhearg
le fuil dhoirte Ghaza.
Tá gach scread ó Ghaza
ina thairne dhearg
i gcroich ár gcéasta.
Tá a bhfuil ann dearg
mar go bhfuil créachtaí Ghaza
ag síorshileadh fola
ag síorshileadh fola.

19

Tá pictiúr agam
i bhfráma

de mo bhaile dúchais
sa Ghailíl

as ar ruaigeadh
mo dhaoine

bliain na díbeartha,
bliain na mairge.

Pictiúr beag feoite
i bhfráma,

mo Phalaistín ionúin,
mo Thír Rúin,

a spreag mé ó m'óige
chun agóide,

chun airm.

20

Ag Ceann Loch an Ghainimh

Anseo ag ceann Loch an Ghainimh
tá an mhaidin ina cailís solais
ag cur thar maoil le tíolacthaí.
Bainim fúm i gclúid an tsuaimhnis.

Ach tig héileacaptar ina arracht
challánach trasna na spéire
ag réabadh an chiúnais. I dtobainne
baintear an mhaitheas as suáilcí

na dea-mhaidine. Smaointím ar Ghaza atá
faoi ionsaí aeir agus ionradh talaimh,
atá faoi luí na mbuamaí lá agus oíche.
Ní thig an smaointiú chugam folamh.

Thall sa Phollán, tá na préacháin dhubha
ag déanamh áir le piléir a ngutha,
is de ruathar, seo anall na lachain fhiáine,
eitleáin chogaidh ag trasnú na locha.

Anois ag ceann Loch an Ghainimh
tá dearglach na maidine ag sileadh
fola. Ach níl ann ach siabhradh an dáin.
Nach domh is fusa a bheith ag taibhreamh?

NA MÍNTE IS NA MÓINTE

D'El Bashir Addi

Sa Gharradh

I ndiaidh na báistí
tá crann sa gharraí
ina stór criostail.

Nuair a thuirling éan
ar chraobh an airgid
thit seoda go talamh.

Tocht

Anocht ar an Dúnán
níl cuntas ar na réalta
ná ar an uaigneas.

FILE

Mo chroí atá iontu,
a dúirt sé,
na seileoga fola seo
a chaithim amach.

Tá fírinne iontu,
a dúirt sé,
rud nach raibh ariamh
i mo chuid dánta.

Machaire Rabhartaigh

May your ears
hear
the dark vowels and deep consonants
of these sighing waves.

May your eyes
see
the raw greys and tumultuous greens
of these tumbling swells.

May your tongue
taste
this dash of brine as it brims over
a gleaming foreshore.

May your arms
hold
this dazzling creature who rises out
of the unchartered depths.

May your legs
step
into the abundant blue of this eternity
rushing to greet you.

Gift

I bow
to thee
bright spirit

who lifts
me up
who fills me

the length
and breath
of being

with bright
shinning
life

to be
is a gift
of light.

MORNING SONG

for Moya Brennan

May we be mindful
of the air we breathe
and of the dawning light
that awakens life.

Praise to the song
that stirs in the trees.
Praise to the sun
for its bounty of light.

Splendour of skies
radiance of rain!
May all of us be
at one with each other.

The morning dawns
the evening darkens:
May good be sung
on every tongue.

A Woman of Importance

There are no maps, she said,
to navigate the terra incognito
of the soul.

I suggested that she read the work
of mystic poets. They are the pathfinders,
the true pioneers

of inner travel. She gave me a look
that would unfrock a bishop.

An File ag Caint

An t-uabhar a thigeadh ar mo chroí
is mé ag éisteacht le fir chéillí
ag baint fuaim as focla
is tarraingteacha gasta
as a gcuid píopaí deargtha
le brí a chur ina gcuid scéalta
oícheanta airneáil fad ó shin.
Is a dhálta sin, thigeadh an t-uabhar céanna orm
is mé ag éisteacht le mná an tsnaoisín,
lena mbriathra míne, críonna,
is iad ina suí thart ag comhrá is ag cniotáil
fá mhínleacacha na tineadh;
Glaine ina gcuid súl
mar an gorm a tchífeá san fhómhar
i locháin na gcnoc.
'Caithfidh muid a bheith ag caint,'
a déarfadh siad go croíúil,
'nó is iomaí lá san uaigh orainn
is gan focal as ár mbéal.'
Ní raibh rachmas ar bith acu
ach bhí cumas cainte acu;
Caint arúil, acmhainneach,
caint mhéith, mheasach
a d'fhás go fial as ithir a dteanga.
Is mairimse ar an chaint sin,
caint bheathúil mo dhaoine
a chuireann beocht i m'aigne
is neart i mo shamhlaíocht.
Uathusan a shíolraigh na focla seo.

Tost

Tháinig Tost i réim
i dtír na rún.
Tháinig sé gan mhothú
agus go ciúin.

Tháinig Tost i bhfeidhm
le béim an deachtóra.
Smachtaíodh teanga
le buille na héagóra.

Ó tháinig Tost i réim
ní cheadaítear do shiollaí
meascadh le chéile
ná cruinniú in abairtí.

Tháinig Tost i bhfeidhm
is baineadh an teangaidh
as béal na bhfocla
is fágadh iad gan bhrí.

Ó tháinig Tost i réim
i dtír na rún
ní chluintear fuaim
is ní sceithtear rún.

AN MHAIDIN

Tig an mhaidin chugainn
le slua aingeal;
a gcuid sciathán ag sileadh solais.

*

Labhrann an mhaidin liom
i gcogar rúin;
sínim síos léithe ar leabaidh fraoigh.

*

Léimeann an mhaidin
ar ghluaisrothar na gaoithe
is imíonn sí amach bealach Mhín na Craoibhe.

Aiteannach

An cuimhneach leat na tráthnónta úd
is solas fial an tsamhraidh
ag cur snasa i sleasa na gcnoc
is snáithe den ór i síoda na sceach?
An cuimhneach leat ár n-uabhar
is briochtaí sí na haiteannaí
ár mealladh go gleanntáin uaigneacha
is go clúideanna mistéireacha?

Imeoidh mise agus imeoidh tusa.
Tiocfaidh deireadh lenár ré
ach beidh an aiteannach bhuí
ag fás inár ndiaidh; briochtaí sí
a cumhrachta ag mealladh ár leithéidí
go gleanntáin uaigneacha is go clúideanna mistéireacha.

Is doiligh an Dólás a Choinneáil as an Dán

Aoibhinn álainn maidin seo na Bealtaine
i Mín an Leá, i bhFána Bhuí, i Mín na Craoibhe,
coiligh ag glaoch, madaí ag tafann,
an saol ag gabháil ar aghaidh go séimh seasta;
caoirigh á ndreasú, páistí ag spraoi,
leoraí Néill Ruaidh ag seachadadh earraí,
stócaigh Mhic Géadaigh ag gabháil na phortaigh;
an ghrian ag taitneamh – bé lúcháireach na maidine –
gríos a colainne ag cur lí na deirge
i leicneacha críonna an Earagail agus aoibh na gréine
ar bhailte beaga caoine na gcnoc.

Bíodh go bhfuil mé ag ceiliúradh na gile seo
i Mín an Leá, i bhFána Bhuí, i Mín na Craoibhe
ní gan aird é ar mhairgí móra an tsaoil;
ar an ghorta, pláigh is bás atá ag siúl na hAfraice,
ar na Rohinga atá á ndíbirt as Myamar,
ar na hUigiúraigh atá á ndaoradh sa tSín, ar na Palaistínigh
atá á gcur ó sheilbh is a ndíothú i nGaza.
Ní gan aird é ar dheachtóirí atá ag déanamh ceap magaidh
den tSaoirse is ag cur shnaidhm an tosta ar bhéal
na Fírinne. Ní gan aird é ar theifigh bhochta na mbád
atá a mbáthadh achan lá ar aistir an anáis.
Ní gan aird é ar Gaia, ollmháthair na bidhchríche
agus buime an duine atá in arraingeacha péine.
Ní gan aird é ar an anfa atá ag tórmach i gcroí na cruinne.

Aoibhinn álainn maidin seo na Bealtaine
i Mín an Leá, i bhFána Bhuí, i Mín na Craoibhe,
an ghrian ag rince in uiscí Loch an Ghainimh
is cumhracht na haiteannaí ag cur brí san aer,
ach in ainneoin na gileachta, tá créacht
dhearg an tsaoil ag déanamh angaidh i mo chroí
is tá focla ag teacht chugam anois as aibítir
mo dháin agus iad báite i bhfuil ...

Faoi Anáil an Gharraidh, Agadir

Na héanacha seo atá ag cur maise ar an mhaidin
lena gcuid ceoil; an beochán beag aoibhinn
aniar aduaidh – púca reatha an ghrinn –

atá ag séideadh fríd na crainn, ag cur eiteoga
faoi dhuilleoga is ag dhéanamh bánaí is croí
isteach leis na blátha cois claí,

na páistí atá ag spraoi sa chlós súgartha
ag tógáil gleo beo na n-óg ar na luascáin,
na timpealláin agus ar na sleamhnáin.

Na buachaillí áille ag siúl sa gharradh; dubh,
donnchneasach, dóighiúil; iad lámh ar láimh
i dteas an cheana. Nach méanar daofa a ndáimh!

Luaim a bhfeicim is a gcluinim i mo liodán maidine
agus mé ag tabhairt altú don Anáil shíoraí seo
a choinníonn muid uilig sa tsiúl, gach uile dhúil bheo;

Anáil bhithnua na beatha a chuislíonn ionainn uilig
ionas gur cuid dínn ó dhúchas a bhfuil sa spéir,
san uisce, sa chré agus ar fud na bithchríche go léir.

Le gach Anáil dá dtarraingím, ár gcuid is ar gcomhroinn,
altaím gach beo i bpaidir seo na maidine
óir is é comhbhiathú na hAnála slánú an duine.

Silence

for Oona Hyland

Silence spreads in the veined tissues
of our memory like limescale
in water pipes, clogging them.

Silence like thorny briars
flourishes in the dark earth
of our memories, smothering them.

Silence, what we omitted to say,
pains us now like an open wound
that cannot be healed.

Silence exists between what
we lost and what we held on to
like a shadowy beast.

Silence is a burning pain that
consumes the lungs of words
like asbestos dust.

Silence screams in unlikely
spaces: confessionals, constitutions
and above all in coffins.

Silence is given a false timbre
and a pitch, a lyrical deceit,
in the speech of tyrants.

2

We need words to talk
about silence, decipher its presence,
speak sentences of resistance.

We need to mourn, before
it's too late, what we hid in silence.
The word is a heart that can stop.

We need to give them air,
give them strength, the stories that were
silenced on church altars and in state chambers.

Let the dead weight of silence
be lifted, let the raw acoustics
of speech blast it away.

Na Cailleacha Dubha

Pludar pladar! Gliogar glugar!
Muidinne an t-údar ar gach púdar.

Scaoil isteach i gcoire na fáistine
spréach ón tine is draíocht ár gcine.

Rúisc is fáisc, brúigh is bruith!
Cuirfidh an gal an saol ar crith.

Crúbh muice agus plúr ruibhe,
adharc reithe agus luibh nimhe.

Uisce marbh agus magairle tairbh,
spochán bó agus luchóg bheo,
putóg easóige agus seileog piteoige.

Magairlín meidhreach agus fuil mhíosa maighdeana,
meacán garbh-bhlasta agus teanga ó bhean ghraosta,
domlas ó dhódh croí agus gruth buí.

Stéig agus smúsach agus sú na gcaolán;
An t-ionathar lofa agus putóg an chaca.

Rúisc is fáisc, brúigh agus bruith.
Cuirfidh an gal an saol ar crith.

An Liodán Lusach

Coigeal na mban sí agus ruithéal rí.
Magairlín meidhreach agus mismín mionsach.
Lus an tsíoda agus lus na gaoithe.
Feochadán mín agus bainne bó bleachtáin.
Cluas chaoin agus coigeal chaol.
Lus an bhainne agus plúr na gréine.
Praiseach bhuí agus crobh an chlaí.
Giolcach an tsléibhe agus duán na gcaorach.
Slat an óir agus airgead luachra.
Grafán na gcloch agus meas torc allta.

AG NA WEIGHT WATCHERS I NGORT AN CHOIRCE

Tchím go bhfuil sibh ag spréadh i ngach ball,
tá sibh borrtha, séidte, spréite.
Tóin. Bolg. Brollach.
Másaí. Colpaí. Leasracha.
Tá sibh plucach, toirteach, marógach.
Barraíocht bídh. Barríocht dí.
Cream Puffs agus créme brúlée.
Crépe Suzettes agus soufflés.
Truffles, trifles, treacle tarts,
Gáteaux, gelatos, Mikados,
Champagne, Chartreuse, Calvados,
Gin, grappa, absinthe, créme de menthe.

Sibhse ar fad na Tutti Fruitis, na Roly Polys,
na Jelly Babies, na Dolly Mixtures.
Tá deireadh leis na puddings, deireadh leis na brandies.
As seo amach brachán lom, báchrán agus uisce,
tá deireadh le leisce, deireadh le meisce.
Anois, a chailleacha, aclaigí bhur gcnámha.
Bogaigí! Gluaisigí! Luasc, a Shábha!

Amhrán

1

Fanóchaidh an ghealach is an ghrian ar a gcúrsa buan.
Fanóchaidh na séasúir ag casadh ó luan go luan.
Fanóchaidh an duine ag teacht is ag imeacht go síoraí buan.

AN CURFÁ:
Is óra 'mhíle 'mhíle grá
is óra bhóra bhóra bhuí;
Tá smúid ar mo chroí
nach scaoilfear uaim go brách.
Níl bláth ag fás nach meathann
is ní mhaireann teas an ghrá;
Is óra bhóra bhóra bhóra bhuí
is óra bhóra, a stór mo chroí.

2

Tiocfaidh an sneachta ina rátha ar na bánta.
Tiocfaidh an ghaoth is greadfach an Mhárta.
Tiocfaidh an Bás is imeoidh muid inár ndusta.

AN CURFÁ:
Is óra 'mhíle 'mhíle grá
is óra bhóra bhóra bhuí;
Tá smúid ar mo chroí
nach scaoilfear uaim go brách.
Níl bláth ag fás nach meathann
is ní mhaireann teas an ghrá;
Is óra bhóra bhóra bhóra bhuí
is óra bhóra, a stór mo chroí.

3

Fad is a bheas réalt is ré ar an spéir,
fad is a bheas drúcht ar bhánta féir,
beidh an bás is an t-éag romhainn go léir.

AN CURFÁ:
Is óra 'mhíle 'mhíle grá
is óra bhóra bhóra bhuí;
Tá smúid ar mo chroí.
Nach scaoilfear uaim go brách.
Níl bláth ag fás nach meathann
is ní mhaireann teas an ghrá;
Is óra bhóra bhóra bhóra bhuí
is óra bhóra, a stór mo chroí.

NÓTAÍ EOLAIS

Hagar:
Tá an dán seo bunaithe ar scéal as an tSean-Tiomna. Ní raibh toradh clainne ar bith ar an phósadh a bhí idir Sarah agus Abraham. De bhrí go raibh Sarah ag gabháil anonn i mblianta agus gan súil ar bith aici le duine clainne, thug sí cead dona fear céile a ghabháil a luí le Hagar, seirbhíseach mná a bhí acu. As an chleamhnas leapa sin rugadh mac do Hagar agus Ismael a tugadh air. In am agus i dtráth, b'aigesean, de réir dlí, a bheadh cinnireacht na clainne. Ach le toil Dé, d'éirigh Sarah torrach agus í ceithre scór bliain agus corradh. Saolaíodh mac dithe – Isaac a tugadh airsean. Ba eisean, dar le Sarah, an t-oidhre dlisteanach. Ní dhéanfadh a dhath maith dithe go gcuirfeadh sí an ruaig ar Hagar agus a mac. Rud a rinne sí. Thug siadsan an fásach orthu féin, áit a dtáinig siad i mbeatha agus i mbláth. As Ismael a shíolraigh treabhchais an fhásaigh. Sa Chórán, luaitear Ismael in éineacht le Abraham agus Isaac mar dhuine de theachtairí Dé.

Pian:
Tá an dán seo bunaithe ar dhán neamhfhoilsithe de chuid Cholette Ní Ghallchóir, file a bhfuil ardmheas agamsa ar a saothar. Tá mé bródúil go raibh lámh agam i bhfoilsiú *An tAmharc Deireanach/The Last Look* (Arlen House, 2014), cnuasach de rogha dánta Cholette. Ina dánta tugann sí rúin dhorcha an phobail chun solais. Labhrann sí amach go neamhbhalbh faoi ionsaí gnéis, éigniú, leatrom agus maslú. Tá sí ar dhuine d'fhilí tábhachtacha ár linne – an fhírinne lom á cur chun tosaigh aici i gcónaí ina cuid dánta.

An tUaireadóir:
Seo athscríobh a rinne mé ar dhán de chuid Phádraig Uí Bhléine. Bhí sé ag freastal ar cheardlann filíochta a thug mé sa tSean-Bheairic ar an Fhál Carrach. Chuir sé slam de dhánta iontacha os comhair na cúirte. Thaitin an ceann faoin uaireadóir liom ach shíl mé go dtiocfaí é a theannadh agus rithim a chruthú a bheadh ag teacht le buille an chloig. Tá mé buíoch de Phádraig gur cheadaigh sé domh mo leagansa den dán a fhoilsiú. Tá Pádraig ina léachtóir le Gaeilge i gColáiste Mhuire i mBéal Feirste. Tá saothar aistritheora den scoth curtha i gcrích aige. Is fiú go mór a leagan Gaeilge de *The Boy in the Striped Pyjamas* le John Boyne a léamh. Sáraistriúchán.

Madge Herron (1915–2002):
I lár na seachtóidí a chuala mé trácht den chéad uair ar Madge Herron, bean de chuid Bhaile na Finne ach a raibh cónaí uirthi i Londain. Eddie Linden (1935–2023), file de bhunadh na hÉireann ach de thógáil na hAlban a casadh orm i Londain i samhradh na bliana 1975, a chuir ar an eolas mé fá Mhadge. I gcaitheamh a shaoil rinne Eddie freastal agus friotháileamh ar an fhilíocht, rud a spreag George Barker le 'Buitléir na Filíochta' a thabhairt air. I 1969, bhunaigh sé *Aquarius*, iris filíochta a raibh tábhacht mhór léithe i saol litríochta an Bhéarla. Choinnigh sé an iris seo ar a bonnaí agus ar siúl ar feadh leathchéad bliain, 1969–2022, is gan aige féin go minic ach ón lámh go dtí an béal.

Ar an ócáid sin i Londain i 1975 agus é ag aithris scéal Mhadge domh, dúirt sé: 'She writes big blowzy, unsettling poems that gets to the quick of things.'

Bhí iomrá uirthi mar fhile Béarla ag an am agus ardmheas ag a comhfhilí, leithéidí George Barker, Peter Porter agus John Heath-Stubbs, ar a saothar. Bhí clú uirthi de bharr na stíle reacaireachta a chleacht sí agus í ag cur a cuid dánta os comhair an phobail. Chuala mé an focal 'Bardic' luaite lena cuid aithriseoireachta. Is beag dá saothar a bhí i gcló ag an am. Is cosúil nach raibh mórán muiníne aici as na meáin chlóite. B'fhearr léithe an bhéalaithris mar bhealach lena cuid filíochta a chur os ard seachas na foilseacháin reatha.

Níor casadh Madge í féin orm go dtí 1980. Ag an mhórfhéile ealaíon 'A Sense of Ireland', a bhí ar siúl i Londain an bhliain sin, a casadh orm í. Mar chuid na Gaeilge den fhéile seoladh *Innti 4* ag ócáid filíochta sa Round House i gCamden Town. Bhí sí i láthair le héisteacht a thabhairt do ghlúin óg d'fhilí Gaeilge, mé féin ina measc. Tháinig sí a fhad liom an oíche sin agus chuir sí í féin in aithne. Ba deas léithe Conallach óg a fheiceáil ar an ardán, a dúirt sí, ag léamh ina theanga dhúchais. Labhair muid i nGaeilig. Níor chaill sí a dhath de bhlas áitiúil na Gaeltachta Láir cé go raibh sí ag cur fúithi i Londain ó bhí na daichidí ann. Chonacthas domh go raibh deis a labhartha aici agus í breá ábalta an teangaidh a aclú mar a d'fhóir dithe féin.

D'fhiafraigh mé dithe cá tuige nár scríobh sí i nGaeilig. D'fhéach sí orm go géar agus arsa sise: 'Teangaidh bheannaithe an Ghaeilig, a mhic, agus níor mhaith liomsa í a mhaslú le mo chuid filíochta.'

B'fhéidir go raibh sí ag tabhairt achasáin domhsa as an dánaíocht a bhí mé a dhéanamh ar an teangaidh i mo chuid dánta. Ach ar an dara focal mhol sí mé agus dúirt sí liom gur chuir mo chuid filíochta cumhaidh uirthi i ndiaidh a hóige féin agus an baile a d'fhág sí ina diaidh i measc na gcnoc i nDún na nGall.

Bhí sí ina cónaí i Kentish Town ag an am sin agus tuigeadh domh ón méid a dúirt sí liom nach raibh an saol ar a toil aici ar chor ar bith. Ach diomaite de sin, bhí uabhar uasal inteacht ina glór agus ina seasamh a chuaigh i gcion orm. Uabhar na mBard! Ba sin an t-aon teangmháil a bhí agam léithe ach gearr is mar a bhí sé, tá sé de phribhléid agam a rá gur casadh Madge Herron orm.

Tá mé an-bhuíoch de Patricia Herron, nia le Madge a d'fhoilsigh beathaisnéis a haintín. Bhain mé tairbhe agus taitneamh as *Madge: Portrait of Donegal Actress and Poet, Madge Herron* (Cló Duanaire, Irish and Celtic Publications, 2016), leabhar a thug spreagadh domh tabhairt faoin tsraith de dhánta ómóis in onóir Mhadge. Tá léargas cuimsitheach tugtha ag Patricia ar shaol agus ar shaothar a haintín agus mar shásamh breise tá cuid mhór de dhánta Mhadge fite fuaite leis an insint.

Ba mhaith liom buíochas a ghabháil le mo sheanchara Colette Ní Ghallchóir, file, as ucht a bhfuil déanta aici le hainm Mhadge Herron a mhóradh. I dtús Aibreáin i mbliana, gan mhoill i ndiaidh domh na dánta seo a scríobh, thug sí ar oilithreacht mé go huaigh Mhadge i mBaile na Finne. Tá áit shocair faighte aicise i measc a bunadh féin, crann caorthainn os a cionn agus Loch na Finne ag lapáil go caoin lena taobh.

I mí an Mhárta bhí mé i láthair i mbaile na nGleanntach ag dráma bunaithe ar scéal Mhadge Herron a chuir Carmel McGill ar an stáitse. Bhí an léiriú cumasach agus cumhachtach. Chuir an fhoireann – Carmel, Pearse Butler agus Murray Learmont – Madge os ár gcomhair go beo bríomhar. Gan mhoill i ndiaidh an léirithe sin a scríobh mé an dán. Go raibh maith agat, a Charmel.

Cassandra:
Iníon Phriam, rí na Traí. Bhí bua na fáistine aici ach os a choinne sin, bhí sé de mhí-ádh uirthi nár creideadh í agus í ag tuar a raibh le theacht. Is iad na Filí (agus áirím gach gné den ealaín sa chuntas sin) comharbaí Chassandra. Ar nós ise, tá iad ag rá linn go bhfuil an saol ina maireann muid i mbaol ach cluas bhodhar na neamhairde a thugtar daofa.

I gCuimhne ar Ócáid Cheoil le Gerry O'Connor agus Eithne Ní Uallacháin:
Bellurgan Park, teach mór i gContae Lú suíomh an dáin seo. I 1995, faoi stiúir Neil Martin a bhí ag obair le Flying Fox Films ag an am, rinneadh taifeadadh ar an chlár ceoil seo i mBellurgan Park. Mé féin a chuir an clár i láthair. Is beag a shíl muid ar an ócáid lúcháireach úd nach mbeadh Eithne saolach. Dornán blianta ina dhiaidh sin d'éag sí go tubaisteach agus gan inti ach bean óg i mbarr a maitheasa. Bhí bua speisialta aici, chan amháin mar amhránaí ach fosta mar chumadóir ceoil. Tá Caroline Tipping, bean an Tí Mhóir agus pátrún fial an cheoil is na filíochta ar shlí na fírinne fosta. Suaimhneas buan orthu beirt.

Gasúr na hEamhna:

Caill mhór domhsa a ba bás tobann Frank Curran. Bhí muid inar gcomrádaithe maithe dá chéile agus muid ag fás aníos i Mín an Leá, spéis againn beirt i gcúrsaí spóirt. Is iomaí cluiche sacair a d'imir muid i bPáirc Bhríde. Bhí cónaí ar Frank lena mháthair mhór thíos i Muileann na hAbhann i gContae Thiobraid Árann go raibh sé seacht mbliana d'aois. Bhí a thuismitheoirí ag obair in Albain ach i dtús na seascaidí phill siad ar Éirinn agus chuir siad fúthu i Mín an Leá. I dtrátha an ama sin tugadh Frank aníos as Muileann na hAbhann. B'ábhar iontais dúinn uilig i Mín an Leá an dóigh a raibh an gasúr óg seo ábalta an camán agus an sliotar a úsáid. Bhí sé leis óna dhúchas i dTiobraid Árann. Ní raibh taithí ar bith agam féin ná mo chomhaoisí i Mín an Leá ar an iománaíocht. Ar mhaithe le Frank rinne muid iarracht ach bhí amscaíocht ag baint linn i mbun sliotair agus camáin a mhill rithim na himeartha. Ba chuma cad é an chomhairle a chuir sé orainn ní raibh muid ábalta aithris a dhéanamh ar ghníomhartha gaile Frank. Ní raibh an iomáint san fhuil againn. Tá Frank curtha i reilig Mhachaire Gathlán i nGaoth Dobhair. Suaimhneas ort, a chara.

Na Cruacha:

Tá mé buíoch de sheanchara eile de mo chuid, an tAthair Pádraig Ó Baoill, a thug ar cuairt mé thart ar na Cruacha. Tá Pádraig an-eolach ar shaol agus ar shaíocht na gCruach. Chuaigh a leabhair, *Na Cruacha Gorma: Inné agus Inniu* (Foilseacháin Chró na mBothán, Baile na Finne, 2023) i bhfeidhm go mór orm. As ábhar an leabhair sin a tháinig spreagadh an dáin. Tá an gleanntán scoite sléibhe seo bánaithe anois, scraith an dearmaid ar na seanbhallóga agus ar iomairí loirg na curaíochta. Níl cuntas ar an uaigneas a mhothaigh mé i measc na bhfothrach.

Mar atá ráite ag Pádraig Ó Baoill ina leabhar, rinne an Rialtas neamart sna daoine a bhí ina gcónaí anseo agus neamhshuim dá gcuid riachtanas. Ligeadh don phobal dul in ísle brí agus i léig díobháil tarrtháil stáit. Bhí na daoine beo bocht agus ar bheagán deise. Chan iontas ar bith go dtáinig éadóchas spride orthu agus gur fhág an t-aos óg an áit. D'éag na seandaoine agus fágadh na Cruacha faoi chaoirigh is faoi chearca fraoigh. Is minic é ráite go raibh pobal na gCruach os cionn na coitiantachta i dtaca le labhairt na Gaeilge. As an tsaol seanbhunaithe a bhí acu, choinnigh siad beo, ar feadh fada go leor, seanaigne shinsearach na treibhe is na teanga. Bhí siad líofa, beo-intinneach ina gcuid cainte agus iad breá ábalta an focal teibí agus an focal talmhaí a thabhairt leo go nádúrtha sa chomhrá. Tá tost osdaonna sna bailte fearainn seo anois ach amháin an ghaoth ag osnaíocht sna ballóga briste.

I gCruach Thiobraid, baineadh deoir asam nuair a d'inis Pádraig domh nach raibh cloch i mullach cloiche fágtha de theach Anne John Chiot (Anna Nic an Luain), duine de na seanchaithe ab iomraítí sna Cruacha.

An Dúnán:
Seo baile fearainn atá suite ag bun an Earagail. Ba as an bhaile sin a tháinig m'athair mór. Phós sé Máire Mhicí Eibhlínne Ní Ghallchóir, bean de chuid Mhín an Leá. I m'óige bhí an Dúnán ar fad faoi mhuintir Shearcaigh. Tá sé bánaithe anois.

Faoi Anáil an Gharraidh, Agadir:
Baile saoire ar chósta Mharacó atá in Agadir. Tá bardas an bhaile ag cur béim ar limistéir ghlasa chrannacha a chruthú le gnaoi a chur ar aghaidh na háite. Tá an baile é féin suite idir an fharraige agus lomchnoic ghainimhe.

Silence:
Seo ceann de na dánta a chum mé fá choinne taispeántas ealaíne a bhí ag Oona Hyland sa Ghailearaí i bPáirc Ghnó Ghaoth Dobhair. 'Ag Cothú an Dearmaid' ainm an taispeántais agus bhain sé leis an Tost a chosc agus a cheil, an Tost a thacht teangaidh agus urlabhra. Seo línte as ceann de na dánta:

> An Tost eaglach, an Tost choiriúil,
> Tost na dtréan, Tost callánach na mbréag,
> An Tost a chuireann snaidhm i mbéal na Fírinne.

Tá an Gailearaí faoi stiúir Úna Campbell ag déanamh obair ar dóigh le dearcealaíona na Gaeltachta a chothú.

Rún Buíochais

Ba mhaith liom buíochas ó chroí a ghabháil le hÁine Ní Mhaoláine a rinne clóscríobh ar an chnuasach seo. Is mór an obair é agus í ag iarraidh ciall a bhaint as leaganacha éagsúla lámhscríofa de na dánta. Ach éiríonn léithe i dtólamh ord agus eagar chun mo shástachta a chur ar an tsaothar scaipthe, sheachránach seo. Ó ghlac sí an cúram rúnaíochta seo uirthi féin is mór an faoiseamh aigne atá tugtha aici domh i dtaca le cúrsaí comhfhreagrais le foilsitheoirí, le hirisí agus le lucht litríochta. Chan amháin go ndéanann Áine an obair seo domh, tá a teaghlach ar fad ina gcúltaca ar dóigh agam. Is minic mé ag brath ar a gcuidiú agus ar a gcomhairle agus tugann siad sin go fial agus go fiúntach.

Tá mé buíoch d'Ealaín na Gaeltachta as sparánacht a bhronnadh orm in 2023. Is mór agam a gcuidiú agus a dtacaíocht. Ní bheathaítear an tsamhlaíocht ar an ocras agus ní chothaítear na briathra ar an aer. Mo bhuíochas leis na hoifigigh áitiúla i nDún na nGall, Micheál Ó Fearraigh agus Danielle Nic Pháidín. Tá obair mhór á déanamh acu le comhairle agus cuidiú a thabhairt d'aos ealaíne na Gaeltachta. Is é an toradh atá ar a gcuid oibre ná go bhfuil borradh suntasach faoi gach gné den ealaín sa taobh seo tíre.

Tá moladh mór ag gabháil do Thraolach Ó Fionnáin, oifigeach ealaíon na Comhairle Contae anseo i nDún na nGall. Tá sé ag gníomhú inár measc le daichead bliain, ár spreagadh uilig lena dhúthracht. Is beag gné de shaol na n-ealaíon sa chontae seo nach raibh láimh aige ina thionscaint is a thabhairt chun tosaigh. Thar na blianta sheas sé liom, thug sé uchtach domh agus tacaíocht airgid le tionscnaimh éagsúla a thabhairt chun críche. Buíochas ó chroí le Traolach, duine d'áisitheoirí sinsearacha na n-ealaíon na Éirinn, fear a bhfuil lorg a dhíograise is a shamhlaíochta fágtha aige ar chultúr ealaíon Dhún na nGall.

Mo bhuíochas le Caitlín Ní Bhroin, Pleanáil Teanga Chloich Cheann Fhaola, as cuidiú liom leabhair éagsúla de mo chuid a sheoladh anseo sa pharóiste. Tá Pleanáil Teanga ag cur spás dearfach, báúil, spreagúil ar fáil agus iad ag caomhnú is ag cothú na teanga sa pharóiste. Áiseanna agus riachtanais áitiúla teanga a chur ar fáil, sin an cuspóir atá acu. Tá bealach deas, dearfach dóchasach ag Caitlín Ní Bhroin le haidhmeanna agus spriocanna an eagrais a chur i gcrích. Éiríonn léithe an polasaí a phearsanú, daonnacht a thabhairt do na dréachtanna, mar a déarfá. Tá coiste tuigseanach agus gníomhach ar a cúl fosta. Mó bhuíochas leo as an chuidiú fial atá tugtha acu domh.

Buíochas ó chroí le hÉamonn Ó Dónaill a chuir ord agus ceart na gramadaí ar an tsaothar seo. Mar is dual dó, chuir sé dua air féin ag ceartú is ag comhairliú. Is fada a dhintiúir bainte amach ag Éamonn mar dhuine de na daoine is eolaí ar ghramadach na Nua-Ghaeilge. Is mór agam a chairdeas thar na blianta agus a thoilteanas le súil ghéar an ghramadóra a dhíriú ar mo shaothar. Rinne sé an-obair ar *An Tír Rúin,* an bailiúchán deireanach de mo chuid a tháinig ó Arlen House in 2022, grinnobair ghramadaí a chuir snas agus slacht ar an tsaothar sin. Tá sé le tuigbheáil ó seo gur file mé ar bheagán gramadaí. Bím ag brath rómhór, is dócha, ar éifeacht na cluaise leis an abairt a stiúradh seachas ar *imprimatur* na gramadaí. Tá mé buíoch d'Éamonn as an obair atá déanta aige thar na blianta le cló ceart caighdeánach a leagan anuas ar an tsaothar ach ag an am chéanna a bheith dílis d'éirim Conallach na teanga.

Mo bhuíochas le Séamas Ó Gallachóir, oifigeach cultúrtha agus teanga le hÚdarás na Gaeltachta, a thuigeann an tábhacht a bhaineann leis an litríocht bheo i gcothú agus i gcaomhnú na teanga. Tuigeann sé gurb é béal beo na filíochta agus deis a labhartha an phróis an dá bhua a shaibhríonn ár dteanga dhúchais agus gur gá tacú linne atá ag saothrú na héigse go leanúnach agus go gairmiúil. Tá mé buíoch de Shéamas agus den Údarás as an tseasamh láidir atá glactha acu ar na cúrsaí seo. Is mór a chuaigh a gcuidiú chun sochair do mo shaothar féin thar na blianta.

Mo bhuíochas le Tristan Rosenstock, eagarthóir liteartha *Comhar,* a d'fhoilsigh cuid dá bhfuil sa chnuasach seo san iris. Mar phríomhiris chlóite na Gaeilge tá obair thábhachtach á déanamh ag *Comhar* i gcur na nua-litríochta chun cinn. Tá mé buíoch de Chris Agee agus d'eagarthóirí *Irish Pages* (Béal Feirste) agus de Brendan Corcoran, aoi-eagarthóir ar *The Loch Raven Review* (Indiana State University), do John Liddy, aoi-eagarthóir ar *The Hong Kong Review* (Kowloon, Hong Kong), do Simon Ó Faoláin, eagarthóir *Aneas,* Uimhir 5 (Ionad Litríochta an Deiscirt, Corcaigh) agus Aifric Mac Aodha, eagarthóir Gaeilge, *Poetry Ireland Review.* Don Athair Frainc Mac Brádaigh and Fionnuala Mac Aodha, eagarthóirí *An Timire.*

Tá mé buíoch d'Alan Hayes, Arlen House, as an tsuim atá glactha aige i mo shaothar le blianta anuas. Cuireann sé amach na leabhair go slachtmhar mar go bhfuil ciall ar dóigh aige don dearadh agus don leagan amach. Tá obair mhór déanta aige ar son litríocht na Gaeilge.

Bronnadh gradam filíochta Michael Hartnett (2023) ar *An Tír Rúin* (Arlen House, 2022). Buíochas ó chroí leis an choiste a d'fháiltigh romham go fial sa Chaisleán Nua Thiar, Co Luimnigh, agus leis na moltóirí, Aifric Mac Aodha agus Áine Ní Fhoghlú a mhol an duais a bhronnadh ar an chnuasach.

Tá mé buíoch de mo chara El Bashir Addi a chuidigh liom an leagan deiridh den leabhar a réiteach agus a roghnaigh an saothar ealaíne ar an chlúdach.

Gúrú maith agaibh go léir.

Faoin Údar

Ba sa bhliain 1975 a tháinig a chéad chnuasach, *Miontraigéide Cathrach* (Cló Uí Chuirreáin, 1975) amach. Ar na leabhair is déanaí uaidh tá *Aimsir Ársa* (Arlen House, 2013) – bronnadh duais an Oireachtais ar an tsaothar seo; *An Fear Glas : The Green Man* (Arlen House, 2015); *An Bhé Ghlas* (Leabhar Breac, 2016) ar bronnadh Duais an Oireachtais air fosta; *Lugh na Bua : Lugh The Deliverer* (The Onslaught Press, Oxford, 2017); *Teach an Gheafta,* úrscéal (Leabhar Breac, 2018); *The View from the Glen,* aistí i mBéarla (The Onslaught Press, Oxford, 2018); *Rocabillie Balor,* ceoldráma (The Onslaught Press, Oxford, 2019). D'fhoilsigh The Irish Pages Press *Crann na Teanga : The Language Tree,* mórchnuasach dá chuid filíochta aistrithe go Béarla ag Paddy Bushe in Eanáir 2019, agus an bhliain ina dhiaidh sin foilsíodh *Laoithe Cumainn* (Arlen House, 2020). Bhuaigh an Searcach The Irish Times Literature Award in 2000 agus bronnadh The Ireland Fund Literary Award air in 2007 as feabhas a shaothair i nGaeilge. Roghnaíodh *By the Hearth in Mín a' Leá* (Arc Publications, 2005) mar Poetry Book Society Recommended Translation sa Bhreatain in 2006. Tá cónaí air i Mín an Leá faoi scáth an Earagail i dTír Chonaill. Tá sé ina bhall d'Aosdána. D'fhoilsigh Arlen House *Miontragóid Chathrach agus Dánta Eile* in 2021.

Seo na leabhair is déanaí óna pheann:

An Tír Rúin (Arlen House, 2022). Bhuaigh an cnuasach seo Gradam Filíochta Michael Hartnett, 2023.

Errigal: A Sacred Mountain (Irish Pages Press, 2023).

An Saighdiúir (Leabhar Breac, 2023). Bronnadh Duais Oireachtais ar an tsaothar seo.